ケント州ベネンドンにある旧イングラム邸「ザ・グレンジ」(2015 年 4 月，著者撮影)

「ザ・グレンジ」の庭の‘太白’(日本に里帰りしたオリジナル，2015 年 4 月，著者撮影)

①

②

③

(左)イングラムが創作した桜の代表例
①‘ウミネコ’
オオシマザクラとマメザクラの掛け合わせ
②‘オカメ’
マメザクラとカンヒザクラの掛け合わせ
③‘クルサル’
チシマザクラとカンヒザクラの掛け合わせ
(いずれも著者撮影)

(下) 60 〜 70 代のイングラム
(パトリシア・ソバン氏提供)

チェリー・イングラム

日本の桜を救ったイギリス人

阿部菜穂子

岩波書店

目次

イングラム 29 歳のときの自画像
（イングラム家提供）

スコットランド
テイノルト
北海
グラスゴー
エディンバラ
北アイルランド
アニック
ロンドン
デリー
ベルファスト
マンチェスター
ダブリン
リバプール
ノッティンガム
アイルランド
バーミンガム
ウェールズ
イングランド
ウェストゲイト・
オン・シー
テムズ川
ロンドン
ブリストル
ドーバー
ドーバー海峡
ベネンドン
ダンケルク
カレー
ライ
ヘイスティングス
英仏海峡
0
150km
フランス

プロローグ

イギリスには、たくさんの桜が植樹されている。桜はまだ肌寒い早春に、住宅街や公園で、他の花木に先駆けて花を咲かせ、北国の長く暗い冬が終わったことを知らせてくれる。また、桜はちょうどキリスト教の復活祭のころに咲くので、ここでは生命《いのち》の再生を人々に知らせる春の花である。一九世紀のイギリスの詩人、A・E・ハウスマンは、一八七九年にこんな詩を詠んでいる。

数ある木々のなかでも桜はいちばん、美しい
いま、桜は森の小道に満開の花をつけて枝を広げる
復活祭にふさわしく、白い花の衣装をまとってたたずんでいる

（「いちばん美しい木」著者訳）

ハウスマンが詠んだこの詩の桜は、イギリスにもともとあった果樹の「セイヨウミザクラ」であろうが、イギリスの桜は二〇世紀になって大きな転換期を迎える。極東の日本から観賞用の「ジャパニ

ーズ・チェリー」が大量にやってきたのである。

　しかし日本生まれの桜は、イギリスでは、故郷とはちがう風景をつくった。一九五〇年代末に日本で生まれ育った私の知っている桜の光景は、〝染井《ソメイ》吉野《ヨシノ》〟がいっせいに咲いて街全体を薄桃色に染め、わずか一週間程度でまたいっせいに花びらが散っていくものであった。

　ところがイギリスでは、じつにさまざまな品種の桜が復活祭をはさんで次々と開花していくのである。花の色は白、ピンク、紅とそれぞれちがい、花期も少しずつずれているため、桜の季節は三月末から五月なかばごろまで長く続く。復活祭を祝うこの地での桜の光景はまるで、長い冬のあいだに眠っていた人間の魂が多様な桜の花びらとなって蘇り、そこここで生命力を躍動させるかのように見える。イギリスの桜の風景はひとことで言うと「多様」なのである。


　二〇一三年春、イギリスの桜について記事を書く機会があった。そのとき、園芸関係者に取材する過程で、二〇世紀の初めに日本の桜を熱心にイギリスに紹介したコリングウッド・イングラム(Collingwood Ingram　一八八〇―一九八一)というイギリス人園芸家がいたことを知った。彼は日本を三度訪問し、桜の穂木《ほぎ》(接木《つぎき》によって樹を増殖する際、台木《だいぎ》の上につなぐ枝のこと)を持ち帰ってイギリス南東部、ケント州の自宅の庭で育て、当時まだよく知られていなかった日本の桜をイギリスじゅうに広めたという。ある庭園関係者は「イギリスのジャパニーズ・チェリーは、イングラムひとりの努力でここまで普及した」と言い切った。そして彼がいちばん大切にしたのは桜の「多様性」だったというのだ。

染井吉野一色に染まる祖国の風景を見慣れている在英日本人の多くは、イギリスの多様な桜の風景にとまどいすら覚え、「イギリスの桜は日本の桜とはちがう種類ではないだろうか」とささやき合う。「多様な桜」の風景を演出したイングラムに私はとても興味をひかれ、二〇一四年夏からその足跡や人となり、業績について本格的に取材をはじめた。彼が住んでいたケント州のベネンドンに行き、生前のイングラムを知る人々に会って話を聞いた。イングラムはたいへん裕福な家庭に生まれ、ベネンドンに豪邸を構えるジェントルマンだったが、庭園の「桜の園」は地元では有名で、彼は住民から「チェリー・イングラム」と呼ばれて親しまれていた。

イングラムの孫ヴェリアンと，夫のアーネスト・ポラード(2014年8月19日，ライ町の夫妻の自宅で，著者撮影)

さらに、現在六〇代から七〇代の年齢にあり、イギリス各地に住んでいるイングラムの孫たちにも会いに行った。イングラムの末娘サーシアの長女、ヴェリアンと夫のアーネスト・ポラード夫妻は、イギリス南東部、イーストサセックス州ライ町の自宅にイングラムの残した膨大な日記や園芸資料を一括して保管していた。二〇一四年八月に訪ねると、夫妻は一九二六年の「桜行脚」をはじめとするイングラム訪日時の未公開日記や写真のほか、ベネンドンでの桜のスケッチ、園芸雑誌などに執筆した多数の記事など、さまざまな資料をすべて見せ、提供してくれた。

これらの資料を読み、インタビューを重ねると、深い愛情と情熱をもって日本の桜を育成し、イギリスに広めたイングラムの姿が浮かび上がった。また、当時の日本に目を向けると、明治維新後に近代化の波にのまれて多様な桜が失われていった過程や、「新生日本」の象徴として染井吉野が増産され、国じゅうに植樹された経緯も見えてきた。そんな時代にイングラムは日本へ足を運び、消え行く貴重な桜をイギリスに持ち帰って「保存」したのである。これは驚くべき事実であった。

一方、視点をイギリス側に移してみると、イングラムの一〇〇年六か月という長い人生は、一九世紀末の大英帝国の最盛期から二〇世紀の二度の世界大戦を経て、帝国が崩壊し、戦後発足した労働党政権によって社会主義政策が広く実施されていったこの国の近・現代史をそのまま歩んだものであったことがわかる。日本の桜はイギリスに渡り、日英の激動の時代を生き抜いたのである。

私はこれから、イングラムの人生と足跡を追いながら、両国の歴史の証人となった桜の物語をつづっていこうと思う。

第一章

桜と出会う

「ああ、つまらない。勉強なんかやめて、早くあの鳥の巣を見に行きたい」

コリングウッド少年は、英語の文法規則を繰り返す家庭教師の顔を見つめながら、きのう沼地で見つけた鳥の巣のことばかり考えていた。

家庭教師は毎朝家に来て、午前中いっぱいかけて英語や算数、地理などの講義をする。でもコリングウッドは退屈な授業よりも、海辺や沼地に出かけて生きた鳥を観察することのほうがよっぽど好きだったのだ。とくにこの日は、前日発見した鳥の巣で卵がかえり、ヒナが生まれたかどうかが気になって仕方がなかった。

ようやく授業が終わると、コリングウッドは母親のメアリー(一八五一―一九二五)が昼食用につくってくれたサンドイッチをつかみ、双眼鏡とスケッチブックを手にして家を飛び出した。沼地に行ってみると、果たして巣の中で四羽のヒナが孵化し、可愛らしいくちばしを天に向けて懸命にさえずって

コリングウッド少年(11, 2歳のころ)による鳥のスケッチ(イングラム家提供)

いた。コリングウッドは無心に餌をやる母鳥を脅かさないように、少し距離を置いた場所にそっと座り、双眼鏡で観察しながらヒナたちのようすをていねいにスケッチした。

虚弱児の生い立ち

一八九一年、イギリス・ケント州。一一歳のコリングウッド・イングラムは、ケント州のいちばん東端にある海辺の街、ウェストゲイト・オン・シー(以後ウェストゲイトと略)の別荘で、母親のメアリーと暮らしていた。二人の兄は早くから全寮制の学校に入って不在だったし、新聞社を経営しながら国会議員も務める父親のウィリアム(一八四七―一九二四)は、普段はロンドンの家に住んでいて、週末にやって来るのみだった。

父ウィリアムの経営する新聞は『イラストレイテッド・ロンドン・ニュース』という週刊日曜紙で、ウィリアムの父、ハーバート・イングラム(一八一一―六〇)が一八四二年に創刊した。ハーバートはイギリス中東部、リンカーン州の肉屋の息子だったが、起業家精神に富み、イラストを豊富に入れた世界初の「絵入り新聞」を創刊して大当たりし、発行部数三〇万部にまで成長させた。ハーバートは一代で財を成し、リンカーン州ボストン選出の国会議員にもなったのである。

コリングウッドの父ウィリアムは、祖父ハーバートが四九歳の若さで、不慮のフェリー事故によりアメリカで亡くなった後、新聞社の経営を引き継ぎ、国会議員の職も継承した。

時はヴィクトリア女王(在位一八三七―一九〇一)時代の一九世紀後半。七つの海を制した大英帝国は世界じゅうに植民地をもち、栄華を極めていた。このころ、国内ではビジネスを成功させて大きな富を得、有力者となった事業家があちこちで現れた。伝統的に階級制度の根強いイギリスにおいて、イングラム一家もハーバートの興した事業が成功して金持ちになり、労働者階級から一気に上層へ駆け上がった「新興富裕層」であった。

コリングウッドはそんな家庭環境のなかで、一八八〇年一〇月三〇日、ウィリアムとオーストラリア人の妻メアリーの末の子、三男としてロンドンで生まれた。ミルクも受け付けないほどからだの弱い赤ちゃんで、当時、病気がちな乳児に与えられていたロバのミルクを飲んで発育した。ロバのミルクは脂肪分やたんぱく質が比較的少ない一方、乳糖が豊富で、そのころのイギリスでは敏感な体質の赤ちゃんに最適だとされていた。

コリングウッドは幼少時に呼吸器系の病気を何度も患い、外出もままならなかった。当時、ロンドンでは結核が流行する兆しがあり、イングラム一家は、病弱な息子を心配して、空気のきれいなウェストゲイトに持っていた別荘に生活の場を移すことを決めたのである。

ウェストゲイトは、テムズ河口の東端、ほぼ北海との接点の海に面する街で、ロンドンの東約一二〇キロのところにある。もともとは小さな農村だったが、砂浜が美しく、一九世紀なかばに鉄道がこの地域にも整備されたことで、ロンドンなど都会の富裕層のあいだでリゾート地として人気を呼び、開発された。

風光明媚なこの地は、虚弱児だったコリングウッドにとって、格好の成長の場であった。長兄ハーバート(一八七五―一九五八)と次兄ブルース(一八七七―一九六二)は、名門パブリックスクールのウィンチェスター校からオックスフォード大に進学したが、コリングウッドは結局、学校にはいっさい行かず、自宅で家庭教師について勉強したのみで、大学教育を受けることもなかった。

鳥類研究家への道

しかし、ウェストゲイトの自然環境は、コリングウッド少年に自然界に関する絶好の学習の場を与えた。この街は今でも「アイル・オブ・タネット(タネット島)」と呼ばれる地域にあるが、これはかつて、そのあたりがケント州とは小さな海峡を隔てた小島だったことに由来している。海峡はしだいに狭まり、小島は一九世紀の初めにケント州と陸続きになったが、以前海だった地帯は沼地や湿地となり、渡り鳥が多数飛来したほか、植物相も豊かだった。ここでの生活は、後に鳥や植物の研究家となる彼の基礎をつくったのである。

コリングウッドは、午前中の家庭教師との勉強が終わると、毎日海辺や沼地に出かけて探険した。とくに、新しい鳥の巣を発見するのが何よりも楽しみであった。また、家の近くには、地元の富豪、パウエル゠コットン家が一九世紀に植林して造った七三〇ヘクタールに及ぶ森林公園「ケックス・パーク」があり、鳥類が豊富に生息していた。コリングウッドはここにも足を延ばし、時間を忘れてウグイスやツグミの鳴き声に聞き入り、その生態を観察し、スケッチにふけった。

コリングウッド少年には、「恩師」がいた。鳥類・昆虫研究家のジョン・ジェナー・ウィアー(一八二二―一九四)である。ウィアーはアマチュア研究家だったが、一八五九年に自然選択と進化論を唱える『種の起源』を世に出したチャールズ・ダーウィン(一八〇九―八二)や、ダーウィンとともに自然選択論を提唱したアルフレッド・ラッセル・ウォレス(一八二三―一九一三)と親交があり、二人に貴重な昆虫や植物の標本を提供したことで知られる。

16歳のころのイングラム(イングラム家提供)

ウィアーの兄が父ウィリアムの新聞社で働いていたことから一家とつき合いがあり、彼はコリングウッドの鳥類への好奇心と興味を見出して励まし、さまざまな資料や書籍を貸し与えた。コリングウッドは晩年に自費出版した本の中で、「彼の励ましに対し、生涯感謝の気持ちを持ち続けた」と回想している。(1)

こうしてコリングウッドは少年時代にすでに、どんな鳥でも鳴き声を聞いただけで種類を識別することのできる知識と経験を身につけ、一五歳のときには手書きの文とイラスト入りの初めての本『イギリスの鳥』

を制作している。

家庭環境はユニークであった。両親はともに鳥や動物を好み、父ウィリアムは鳥類保護にも熱心で、別荘に大きな鳥小屋をつくってクロウタドリ(ツグミに似た鳥)やスズメ、コケマルガラスなどを飼育していた。母のメアリーは「オリの中に閉じ込めておくのはかわいそうだわ」と言い、夫のいないあいだに鳥たちを室内に放し、ディナーテーブルで餌をやったり、自分のナイトガウンのそでに入れて眠らせたりした。また、メアリーはたいへんな犬好きでもあり、とくに日本産の愛玩犬「狆《ちん》」を愛し、一度に三五匹も飼っていたことがある。

「まるで動物園みたいな家だ」——多数の鳥や犬と暮らすイングラム家を見て、街の住人たちはこうささやき合った。一家は「ちょっと風変わりな資産家の家庭」として地元では名が知られていた。しかし、父ウィリアムはこの街に多額の資金を投入してホテルやビル、公会堂などを経営し、大きな影響力を持っていたため、一家は一目置かれ、尊敬されていた。

コリングウッドは絵も上手だった。才能は父親の新聞『イラストレイテッド・ロンドン・ニュース』で働いていたプロの人気挿絵画家、ルイス・ウェインに認められ、彼の指導と励ましの下で写生画の腕を磨いた。後に日本の桜の研究家として、多数の桜の写生画を残したが、その基礎はこのころ築かれたのである。

一方、イングラム家のロンドンの自宅は中心部のサウス・ケンジントンにあり、一八八一年四月にオープンした自然史博物館の真向いにあった。

当時、大英帝国から世界じゅうに続々と探検隊が派遣されていた。一八世紀のジェームズ・クックによる三度の世界一周航海にはじまり、一九世紀の黄金時代にはデイビッド・リビングストンのアフリカ探検、ジェームズ・クラーク・ロスの北極・南極探検などがあった。また、ダーウィンもイギリス海軍の測量船「ビーグル号」に乗り込んで南米や南アフリカ、ニュージーランドなど南半球を周航し、ウォレスもアマゾン川やマレー諸島に出かけて調査した。

大英帝国の経済力と世界にまたがる海軍力を駆使したこれらの探検隊により、世界の地理や地質、自然形態が調査されたほか、現地の動物や鳥類、植物の標本が多数収集されて本国に持ち込まれた。こうした調査と研究によって地理学、地質学、動物学、昆虫学、植物学……と数えきれないほどの「博物学」が発達した。ダーウィンの『種の起源』も、大英帝国の繁栄なくしては生まれなかったのである。

植物に関しては、クックの初回南太平洋航海(一七六八―七一年)に同行した植物学者、ジョセフ・バンクス(一七四三―一八二〇)が膨大な数の植物を採集して持ち帰ったのを機に、プラントハンティング(植物採集)の伝統が生まれた。バンクスは帰英後、一躍時代の寵児となって、国王ジョージ三世(ヴィクトリア女王の祖父)のアドヴァイザーとしてロンドン郊外(現在はロンドン南西部)の王立キュー植物園の顧問に就任。世界各地にプラントハンター(植物採集者)を派遣して珍しい植物をキュー植物園に集めた。

一方、数多くの探検隊が採集した動物や鳥類の標本や剝製は自然史博物館に保存され、展示された。コリングウッドは、父親を訪ねてロンドンの家に滞在したときは毎日椅子を抱えて博物館に通い、鳥類展示室に座って何時間でも夢中で鳥をスケッチした。

「いつかぼくも、広い地球を探検して、世界じゅうの鳥を研究したい」

自然史博物館で過ごした時間は、学校に行けなかったコリングウッド少年の自然界へのあくなき好奇心を満たすだけでなく、彼の目を海外に向けて開き、冒険心と野心を湧き起こさせたのである。

自然史博物館では主だった鳥類研究家たちとも知り合いになり、後にこのツテで「イギリス鳥類研究家クラブ」の会員になることができた。コリングウッド・イングラムは、人脈や援助に不自由することなく、順調に鳥類研究家への道を歩むことができたのである。

父ウィリアムは、一八九三年に新聞社の経営手腕と国会議員の仕事の業績が認められてヴィクトリア女王から準男爵（バロネット）の称号を与えられ、稼ぎ手としても脂が乗っていた。一八九七年、南フランスのリビエラ海岸に新たに別荘を購入したほか、西インド諸島のイギリス領トバゴ島沖の無人島「リトル・トバゴ島」を丸ごと購入し、絶滅の危機にあるとされたゴクラクチョウをニューギニアから移送して保護区をつくったりしていた。

成長してすっかり健康になったコリングウッドは、一〇代後半から二〇代を通じ、こうした父親の財産を利用し、南フランスやトバゴ島に出向き、鳥の観察をした。このような調査は後に、「西インド諸島のゴクラクチョウ」「フランスの湿地帯とコガラ」などの論文となって、鳥類関係の雑誌に発表された。

祖父と父親の築いた財力のおかげで、彼は一生、生活のために働く必要はなく、少年時代の「世界に出る」夢を実現し、自分の興味を追求することができたのである。[2]

真珠の国

一九〇二（明治三五）年九月五日。二一歳の青年イングラムを乗せた船は、長崎港に到着した。この年、鳥の観察と母方の親戚を訪ねる目的で、オーストラリアで数か月を過ごした帰途、日本に二週間余、寄港したのである。

この旅はイングラム自身が強く希望して実現した。まっすぐイギリスへ戻るのではなくぜひ日本に寄りたいと、八月一二日にオーストラリア北東岸、タウンズビルで日本郵船の「熊野丸」に乗り込んでいた。

当時、ヨーロッパでは、フランスのパリを中心に日本の浮世絵や陶芸品などが大きな人気を呼び、熱狂的な収集家も現れて「ジャポニズム」（日本趣味）が起きていた。

一九世紀なかば、長い鎖国に終止符を打って世界に顔を見せはじめたこの東洋の島国は、開国してみると独特の伝統・芸術文化をもち、生き物や植物相もきわめて豊かな、真珠のようなきらめきを放つ国であることがわかり、西洋人は目を見張った。

「日本ブーム」はイギリスにも到達して、イングラム家でも長男のハーバートが日本の陶器や漆製品の熱心な収集家となっていた。そんな環境下でイングラムも日本に興味をもち、オーストラリアに行った機会に訪問したいと思っていた。

イギリスでは一九〇一年一月にヴィクトリア女王が死去して、息子のエドワード七世（在位一九〇一―一〇）の時代になっていた。六三年という長いヴィクトリア朝で盤石の一大帝国を築いたイギリスは、新世紀には波乱の時代を迎えることになる。

折しもイングラムの訪日に先立つ一九〇二年一月、ロシアやドイツなど極東への進出を狙う新興勢力の台頭を警戒したイギリスは日本に接近し、日英同盟が締結されていた。良好な日英関係下での初めての日本訪問に、若きイングラムは胸をときめかせていた。

イングラムの乗った「熊野丸」は前年秋にオーストラリア航路に就航したばかりの客船であった。日本郵船は、当時世界の航路を独占していた欧米の海運会社に挑戦してひとつずつ航路を獲得しており、豪州航路も激しい競争の末に取得した。イングラムは真新しい航路と客船の最も早い利用者のひとりだったわけだ。

明治三五年の日本では、維新以来、近代国家をつくるために早急な欧化政策が進められ、初の本格的な対外戦争であった日清戦争(一八九四[明治二七]—九五)に勝利して多少の自信をつけはじめていた。しかし、近代化の波はまだ、東京など大都市に限られ、地方には及んでいない。

この旅はイングラムにとって、他の乗船客と行動をともにした気楽な観光旅行だったが、短期間に長崎、神戸、箱根、京都、横浜、東京などをどん欲に見て回った。そして、和服姿で生き生きと活動する人々の姿や、深い緑に包まれた美しい田舎の風景を目にして、すっかり魅せられてしまった。

人間と自然がこれほどにまで芸術的なセンスで調和している国を、私は今まで見たことがない。

この旅で残した日記の中で、イングラムはこんな感嘆の声をあげている。当時の日記をもとに滞在のようすを一部、再現してみると——。

九月五日、長崎港に上陸すると、街は湿気を帯びたむせ返るような温かい空気に包まれ、夏の余韻の残る強い太陽が照り付けていた。

イングラムは、イギリス人やインド人など他の乗船客数人と一緒に人力車に乗り込み、丘の多い長崎の街を上ったり下ったりしながら神社などを見学。人力車の中から見えた、日傘をさして歩く和服姿の女性たちの装いとふるまいに、格別の興味をひかれた。彼女らは一様に笑顔で、珍しそうに西洋人の一行を振り返って見ている。


日本の女性は本当に魅力的だ。髪を美しくまとめあげ、身に着けた派手な着物と帯が色彩的によくマッチしていてまるで絵みたいだ。女性たちの笑いさざめく声は、水面に躍る絶え間ない波しぶきを思わせる。彼女たちは山が赤々と燃えるかのごとく、陽気で明るいのだ。（日記より、以下同）

イングラムは身長一七五・二センチ、蒼い目と淡い栗色の髪をした若きイギリス紳士であった。人力車を降りると、何人かの女性が近づいてきた。驚いたことにひとりが日本語で何かしゃべりながら、イングラムの背中をポンとたたいた。

恥ずかしがるでもなく、彼女たちは私の機嫌を取りにきた。日本の女性は人を喜ばせることを極上の喜びとしているかのようだ。そして、草履をはいた足をちょこまかと動かして、頭をゆすりながら去っていくのだ。

後日、イングラムは日光で水色のブラウスとスラックス姿に白い頬かむりをした若い女性の姿を目にするが、「田舎の女性は都会の女性のような色気はないけれど、上品でチャーミングだ」と書いている。

イングラムは長崎で、あふれるような濃い緑の葉に包まれた樹々のなかに、桜の樹を目にとめた。

桜の樹々から、騒々しいセミの声が聞こえてきた。まるでカエルのせり売り人が、競売で大声をあげて単調なせりふを繰り返すかのように。でも桜の中での競売なんて、愉快じゃないか。せり売りは早朝から夜のとばりが降りるまで、一日中、続くのだ。

箱根の山でも、桜を見た。

空気が湿気に満ちていて、景色はすばらしくぜいたくな緑で覆われている。桜、楓、松、楡の樹がうっそうと葉を絡ませ合い、群をつくっている。山腹のあちこちから滝が激しく流れ落ち、苔と土の香りを含んだ涼風を運んできた。

苔と土と樹々の香り。これこそ、ナチュラリスト、イングラムが日本で最も愛したものであった。日記には、東京については「西洋の影響が強く、おもしろみがない」と記されたのみ。彼は近代化の影響を受けていない、日本独特の伝統的な人の姿と、自然のありように魅了されていた。

京都ではスリル満点の保津川下りも経験し、こんなことを書いている。

川は透明な緑色に澄み、暑気のなかでさわやかな涼感があった。ボートは波しぶきをあげながら、ジャングルを思わせる深い緑の風景のなかを進み、ときおり切り立つがけの下をくぐった。息をのむほど美しい景色だった。セキレイやシギ、サギが飛び交うなか、樅の樹が天に向かってまっすぐに立っていた。

京都では、歌舞伎も鑑賞した。上演されたのは、サムライの父親が敵に斬首されたことを嘆く息子が自決する、という「単純なストーリー」だったため、イングラムは上演内容よりも、劇場の内部や観客のようすにより興味を注いでいる。

場内には椅子はなく、観客が斜めにせり上がった床の上に直接、(ひな壇形式に)段をつくって座っていた。何人かが文句も言わずにわれわれのために場所をあけてくれ、椅子を用意してくれた。とても暑かったので人々は上演のあいだじゅう、ひっきりなしに扇子であおいでいた。何百という扇子がヒラヒラと上に下に舞う光景は、(イギリスの)穀物畑で穂が波のように風に揺れる風景を思い起こさせた。

イングラムは東京訪問時に、同行のグループを離れ、ひとりで江の島を訪れた。二キロ近くも海岸を歩き、漁師が浜辺で魚を売るようすなどを興味津々に眺めていると、年配の丸坊主の僧侶が笑顔で近づいてきた。

僧侶は海岸沿いのごつごつした岩場を延々と歩きながら、私を洞窟に案内した。私が日本語をまったく解さないのを少しも気にせず、しきりに日本語で話しかけてきた。仕方がないのでまぬけだな、と思いながらもあいづちを打ってうなずくと、僧侶はとてもうれしそうな顔をして私を見た。

九月二〇日、日本滞在を終えて、イングラムは再び船上の人となる。美しい風景と、おおらかで人なつこい人々。イングラムは離日に際し、やや感傷的になっていた。

日本での滞在はすばらしく魅惑に満ち満ちて、私はただ夢中で刻々と変化しながら過ぎていく光景に見とれるのみだった。わずか二週間の訪問だったが、他のどの国よりもはるかにたくさんの鮮烈な思い出を、私の中に残した。

そして、日本の自然について、こんなことも述べている。(西洋では)人間は自然を破壊して都市をつくり、景観を損ねるが、日本では人が手を加えた後も、自然はいっそう美しく輝くのだ。これは驚異的なことだ。

甲板に出て、遠く、小さくなっていく日本を眺めていると、富士山が見えた。陸が水平線の向こうに消えてしまった後も、富士山の頂だけが海上に浮かんでいる。イングラムは詩人になっていた。

夕空の下で、富士山がいつまでも波間に影を落としていた。それは、広い洋上でたったひとつの標識であるかのように見えた。天界でただひとり、たたずむかのごとく——。ほかには、オレンジ色に輝く海原のような空に、黄金色に縁どられた雲がいくつか浮かぶのみだった。

日本への新婚旅行

イングラムは二六歳の誕生日を目前にした一九〇六年一〇月、一歳年下のフローレンス・ラング(一八八一—一九七九)と結婚した。フローレンスはスコットランド出身で、祖父は国会議員、父親は一九世紀末に証券会社を設立して成功したビジネスマン、という裕福な家柄の娘だった。二人は結婚後、ウェストゲイトに新居を構えた。

25歳のころのイングラム．南フランスの父親の別荘にて（イングラム家提供）

イングラムは四年前の日本の印象が忘れられず、鳥の調査を兼ねてぜひとも日本を再訪したいと考え、機会を探っていた。

「新婚旅行に日本へ行こう」

「えっ、日本？」

お嬢さん育ちのフローレンスは、新郎からの思いもよらぬ提案に驚いたが、熱意に負けて同意した。当時、一か月以上もの航海を経なければ行けない日本をハネムーン先に選ぶ新婚カップルは、きわめてまれであった。

二人は結婚式から五か月後の一九〇七年三月、日本に向けて出港した。しかし、この航海でフローレンスはひどく船酔いし、散々な思いをする。このため、二人は帰りの船旅はあきらめて、シベリア鉄道を利用してイギリスに戻ることになる。

しかも、このときの日本滞在は、新婚旅行とはいえ、日程はイングラムの鳥の調査を中心に組まれた。二人は四月二〇日に長崎港に到着後、鳥の捕獲に関する日本政府の許可証を得るため、東京へ直行したが、許可の取得は難航した。寄生虫や鳥、魚類の専門家として名の知られていた飯島魁《いさお》東京帝国大学理学部教授（一八六一―一九二一）やイギリス大使館の口添えで、ようやく三週間後に許可証を手にする。その後、京都や日光を旅するが、行く先々で鳥の調査を行っている。

時は明治四〇年。日本はその二年前に日露戦争（一九〇四［明治三七］―〇五）で大国ロシアに勝ち、国民は活気づいていた。

五月一四日、イングラムは富士山麓の山林地帯に山籠もりするために、東京を発った。それから三週間、静岡県の須走村（現駿東《すんとう》郡小山《おやま》町の地区で、富士登山口のひとつ）を拠点に、野鳥の巣を求めて周辺の山々を歩き回るのである。新妻のフローレンスは、夫が忙しく調査するあいだ、いったいどこで何をしていたのだろうか。

この問いの答えは、永遠に謎である。フローレンスはその後、日本訪問については家族に何も語っていないし、イングラムもこの旅では日記を残していないからだ。

「グランパ（おじいちゃん）はいつも、思うまま、好きなように行動していた。グランマ（おばあちゃん）は初めから、それに合わせるしかなかったのよ」

イングラムの孫娘、ヴェリアン・ポラード（七四）とヘザー・バワー（六七）は、二〇一四年から一五年にかけて行った私の取材に対し、どちらも同じようにこう語った。

七三年間に及んだ長い結婚生活で、夫妻は三人の息子と娘一人、一二人の孫、さらに二四人のひ孫に恵まれるが、イングラムは初めは鳥の研究に、後には桜の研究に没頭し、思い立てば長期間海外へ出かけていき、家庭生活を顧みなかった。イングラムはひとつのことに集中すると何もかも忘れて熱中し、他人にあまり配慮する性格ではなかった。古風な妻のフローレンスはそれを黙って受け入れ、夫に異を唱えることはなかったらしい。日本への「新婚旅行」は、その後の夫妻の生活を象徴していたようだ。

イングラムはこのとき、日本の野鳥の調査ではいい仕事をした。当時横浜に住んでいたイギリス人動物商、A・オーストンの世話で、野鳥採集の経験豊富な日本人アシスタントを雇い、広範囲にわたって野鳥の巣を多数、探し当て、ツグミ、ヒヨドリ、メジロなど七四種類にのぼる野鳥の生殖形態や巣づくり、子育ての仕方、卵の形などを調査した。

イングラムは日本での野鳥調査結果を、イギリスに帰国後論文にまとめ、一九〇八年、権威あるイギリス鳥学会発行の雑誌『Ibis（アイビス＝トキの意味）』に発表した。この論文と、訪日で出会った日本の鳥類関係者との人脈がきっかけとなって、彼は後年（一九五九年三月）、日本鳥学会の「名誉会員」に選出される。

貴殿の日本の鳥類学への貢献を記念して、日本鳥学会の名誉会員になっていただくことを決定した。

ケント州の自宅に届いた当時の会長、黒田長禮《ながみち》侯爵（一八八九―一九七八）の署名入りの英文の手紙を、イングラムは終生、大切に保管していた。

転機

イングラムは第一次世界大戦終了までは、鳥類研究家であり続けた。大戦中、三六歳のイングラムは、イギリス陸軍航空隊(空軍の前身)からキャプテン(大尉)の称号を得て航空機の羅針盤調整技師として北フランスに派遣された。この間、忙しく任務をこなしながらも暇さえあれば森や沼地を歩き、鳥や風景をスケッチしていた(3)。

生涯肩書を持たなかったイングラムは大戦後、人々から「キャプテン・イングラム」と呼ばれた。もっとも桜の研究で名を成してからは、もっぱら親しみを込めて「チェリー・イングラム」と呼ばれることが多くなったのだが。

戦争が終わって帰国すると、イングラムの心境に変化が起きる。

第一次大戦はイギリスにとって未曽有の出来事であり、国内や大英帝国内に大きな動揺をもたらした。戦勝国とはいえ、大戦で九〇万人にのぼるとされる死者を出し、一九一四年の時点で五〇歳以下だった貴族の男子の約二〇パーセントが戦死したと言われる(4)。また、大戦で巨額の戦費を使ったため、戦後経済は疲弊していた。イギリスはアメリカからの四二億ドルという巨額の戦債借り入れでようやく戦争を終えたのである。国際社会はアメリカという大国の台頭で、大きく変わろうとしていた。

イングラムはこんな人生観を変えるような戦争を体験して、戦後は心機一転、新しいことをしたいと思ったようだ。

また彼は、鳥類研究の分野では研究者の数が増えすぎて、もはや自分にはこれ以上意味のある仕事をする余地はないと感じはじめていた。そんなとき、シジュウカラが二四時間に何回フンをするか、についてのある研究家の調査論文を目にする。

ああ、こんなことが研究課題になるようではもう（鳥類研究は）ダメだ。自然界の別の分野に関心を移すべきときがきたと思った。

イングラムは晩年、九三歳のときに出版した著書 *A Garden of Memories*（『思い出の庭』）[5]の中で、当時のことを回想してこう述べている。

イングラムの妻フローレンス（第１次世界大戦ころ，イングラム家提供）

転機は一九一九年に訪れる。きっかけはケント州南部の村、ベネンドンにこの年の夏、新居を購入して、家族とともにウェストゲイトから移り住んだことだ。すでにフローレンスとのあいだに三人の息子と娘一人が生まれ、住み込みの乳母や女中らを含めると大家族になっていた。イングラムは新しい地に引っ越すことを決めた。

ベネンドンは、ロンドンの南東約八五キロに位置する村で、かつては牧草地と農地の広がる僻地の貧しい村に過ぎなかった。しかし、一九世紀に国内で整備された鉄道がケント州にも敷設され、村の近くに駅ができると、ウェストゲイト同様に、ロンドンの有力政治家や資産家の別荘地として注目されるようになった。

一九世紀なかば、保守党の政治家で後にインド担当の国務大臣を務めた初代クランブルック伯爵（一八一四—一九〇六）が、ベネンドンのかつての荘園領主の邸宅と広大な領地を買い込んで第二の住まいとして移り住んだ。伯爵は産業革命で活況を得た北部ヨークシャー州で鉄鋼産業により財を成した一族の子孫で、ロンドンのハイド・パークに邸宅を構えたが、ロンドンからそう遠くない環境のよい場所に別荘を探していた。

クランブルック伯爵はベネンドンで莫大な資金を提供して、村の教会や学校を立て直し、整備した。また伯爵の領地も農地として地元住民に貸し出されるようになり、農村コミュニティが形成された。村の産業は牧畜と、麦やオーツなど穀物の栽培、ビールの苦みの原料であるホップの生産など、もっぱら農業であった。

このようにヴィクトリア女王時代には、繁栄のなかで富を得た資産家が、別荘所有先などで村のパトロンとなり、中世に見られた「領主」的存在となって村人の面倒を見ることはまれではなかった。イングラムの父ウィリアムも、ウェストゲイトでそのような役割を果たしていた。

二〇世紀になって伯爵が死去すると、クランブルック家はヨークシャー州に戻り、代わって大衆紙『デイリー・ミラー』と『デイリー・メール』の創設者のひとり、ロザミア子爵（一八六八―一九四〇）が伯爵の資産を買い取って村にやって来た。しかし、ロザミア子爵は第一次世界大戦に出征した二人の息子を亡くし、わずか十数年後に傷心のうちに村を去ることを決め、財産を売りに出した。

イングラムが新居として購入したのは、このロザミア子爵の大邸宅の一部で、「ザ・グレンジ」と呼ばれる家屋と四・五ヘクタールに及ぶ農地である。「ザ・グレンジ」とは、「カントリーハウス（田舎の家）」といった意味で、クランブルック伯爵が未婚の末娘のために一八九一年に建てた住まいであった。(6)

「田舎の家」とはいっても、二五部屋もある邸宅である。馬小屋や馬の番人のためのコテージもある。チューダー朝（一四八五―一六〇三）時代に人気のあったゴシック建築様式の建物で、外壁の白地部分に黒の立て縞が入り、赤レンガの煙突が数本屋根から突き出る、しゃれたデザインの家屋だった。

しかし、この家には庭園がなかった。すぐ前にだだっ広い農地が広がるのみである。貴族の家の庭園によく見られる、日よけの樹林すらない。

「ここに自分の庭園を造ろう」

と、イングラムは思い立った。そのとき、家のそばに植樹されていた桜の樹が、ふと目にとまった。クランブルック伯爵は樹木に多少、興味があったらしく、家の南側にはみごとなユーカリの樹が一本あったほか、桜の大木が二本、植えられていた。桜は日本から来た「ジャパニーズ・チェリー」で、一本は家のすぐ西側に、もう一本は建物から少し離れた庭の中央部分に立っていた。どちらも樹齢二五年ぐらいらしかった。

そのころのイギリスで日本の桜を目にするのはまだ珍しく、イングラムは新居の桜がどの品種なのかすらも知らなかった。クランブルック伯爵は、一九世紀の末からぼつぼつと輸入されはじめていた日本の桜をどこかで見つけて購入し、植樹したらしい。

桜の大木はイングラム一家が入居したとき、すでに花の時期を終えていたが、太い幹から四方に広げた枝が夏の深い緑の葉に幾重にも覆われており、その堂々とした風情がザ・グレンジの建物によく調和していた。二本の桜は翌春から毎春、すばらしい花を満開に咲かせ続けるのである。

イングラム家の人々は、この桜がイングラムの「桜熱」を刺激した、と言う。

「このときが、イングラムと桜の〝ラブ・ストーリー〟のはじまりです」

義理の孫、アーネスト・ポラード(七六)は、私にこう語った。

その後、一〇〇種類以上の日本の桜を庭園で育てたイングラムは、一九四八年に桜についての著書を出版するが、その中の「マメザクラ(富士桜)」の項にこんな記述がある。

この桜(マメザクラ)を見ると、私は二度目の訪日で鳥の観察のために富士山麓にこもった幸せなときを思い出す。あのころ、(イギリス人にとって)日本ほど遠く、未知な国はなかった。山麓の村の古風な木造の家並みや、開け放たれた障子から漂ってきた、私には馴染みの薄い料理の香り、薪のにおい。山で聞いたホトトギスの声。すべてが懐かしく思い出される。

1919年，イングラム入居当時の「ザ・グレンジ」．写っている桜はイングラムの桜への関心をひき起こした‘ホクサイ’(イングラム家提供)

新居の桜の樹を見て、イングラムは一二年前に見たはるかな日本の光景を思い出し、感慨にふけっていたのではないだろうか。

この思いは、「新居に庭園を造る」ことを思いついたイングラムに、さらに一歩進んで「桜園を造る」ことを思い立たせた。クランブルック伯爵の植えた桜は、イングラムに重要なインスピレーションを与えたのである。鳥の研究に飽き飽きしていたイングラムは、「日本の桜はまだイギリスではほとんど知られていないから、研究すべきことは山ほどある。自分がひとつ、その専門家になってやろう」と、むくむくと野心を膨らませていた。

ジャポニズムとジャパニーズ・チェリー

イングラムが「桜の専門家になろう」と決めたとき、ヨーロッパではちょうど、「ジャポニズム」の流れのなかで、日本の桜に対する関心が高まりはじめていた。

先に述べたように、一九世紀なかばの開国後、極東の日本の文化が西洋人に知られるようになり、フランスのパリを中心に日本の伝統芸術がたいへんな人気を集めた。

このころ、園芸の分野でも日本への関心が高まる。ヨーロッパでは、一八世紀なかば以降、産業革命によって生まれた中産階層が力をつけ、かつては貴族の占有物だったガーデニングが新興中産階層で流行し、園芸文化が発達した。しかし、イギリスやフランス、オランダなど北ヨーロッパ諸国には、目立った原産の植物があまりなかった。歴史をさかのぼれば、約一万年前まで続いた最後の氷河期に、アルプス山脈以北の植物相は壊滅的に破壊されてしまったのである。華やかで目をひく花を得るためには、海外に目を向けるしかなかった。

一九世紀に、ベールに覆われていた極東の日本や中国が姿を現し、どちらも西洋にはない植物を無数に保有する「植物大国」であることがわかると、西洋諸国は先を争って植物学の研究や園芸用に、東洋の花を導入しようとした。そしてヨーロッパ、とくに大英帝国から多数のプラントハンターが日本と中国に派遣された。ユリ、ツツジ、シュウメイギク、フジ、モクレン、マンサク……。プラントハンターたちが両国で、ときには命がけで採集した無数の花々は、こうして海を渡っていった。西洋社会では、園芸の需要にともなって植木商や園芸協会が発達し、海外の珍しい植物を輸入して国内で販売する流通基盤もでき上がった。

そんななかで日本の桜は、他の花とはちょっとちがったペースで西洋に紹介される。

日本の植物は桜を含めて、鎖国下の一七、八世紀に、長崎・出島のオランダ商館に駐在していたドイツ人医師、エンゲルベルト・ケンペル（一六五一―一七一六）やスウェーデン人医師、カール・ペーテル・ツンベルク（一七四三―一八二八）らによって少しずつ報告されていた。彼らは植物学者でもあったのである。さらに一九世紀には、フィリップ・フランツ・フォン・シーボルト（一七九六―一八六六）がヤマザクラや栽培品種の八重桜などについて記述している。

開国後には、極東で活躍し、日本にも一八六〇年から二年間植物採集に行ったスコットランド出身のプラントハンター、ロバート・フォーチュン（一八一二―八〇）が、一八六四年に八重桜の品種である「高砂」をイギリスに輸入している。(7)

しかし、日本の桜が真に評価され、注目されるには、もう少し時間がかかった。それは、ヨーロッパにはもともと、「セイヨウミザクラ」と呼ばれる果樹の桜があり、桜といえば「サクランボ」のなる樹を指していたからである。「実のならない桜は価値がない」との先入観と偏見があり、ドイツでは日本の桜は「ニセザクラ」とすら呼ばれ、ラテン語の学名も「pseudo-cerasus（偽サクラ）」とつけられていた。(8)

「ジャポニズム」が起きると、浮世絵に大きな影響を受けたゴッホやモネ、ロートレックらが、絵画に富士山や桜を描くようになり、「フジヤマ」「サクラ」という言葉が知られるようになる。そして一九世紀末から二〇世紀初めにかけて、西洋人訪問者による日本紹介記が相次いで出版され、日本の桜の美しさが記述されるようになったことから、桜への関心は飛躍的に高まる。

なかでも、ラフカディオ・ハーン（小泉八雲、一八五〇—一九〇四）が一八九四年に書いた『知られぬ日本の面影』の桜の描写は、西洋人の持つ「サクラ」のイメージに、大きな影響を与えた。

> それよりも私の目の前にあるものに、私の心は釘づけとなった。それは、言葉を失うほどに美しいものに覆われた、桜の木立であった。すべて枝という枝に、夏の積乱雲のように純白の花が咲き乱れ、目も眩むほどに霞んでいる。その下の地面も、私の眼前の小径《こみち》も、柔らかく、厚く、芳香を漂わせて散った花びらの雪で、一面真っ白だった。(9)

ハーンの描いた日本は、プッチーニのオペラ「マダム・バタフライ」に影響を与えただけでなく、日本に関心を持つ作家たちの作品にも反映された。(10)

二〇世紀になると、ヨーロッパで開催された万国博覧会に日本庭園が出現する。一九〇〇年のパリの万博では、独立した日本特設コーナーが設けられ、菊や盆栽などとともに、桜が植樹された。

そして一九一〇(明治四三)年、ロンドンで大規模な日英博覧会が開催される。この博覧会は、日露戦争の勝利に気をよくした当時の外相、小村寿太郎が「国際社会で日本の国力を誇示し、イギリスとの通商関係も強化したい」と願い、一九〇二年から同盟関係にあって日露戦争で日本に協力したイギリスでの開催を強力に後押ししたといわれる。

博覧会では台湾や朝鮮などでの日本の統治のようすが大々的に展示されたほか、二ヘクタールに及ぶ広大な日本庭園が造られ、多数の日本の花や桜が植えられた。花は多くが日本から直輸入されたが、桜はイギリス国内の植木商から調達された(11)。

博覧会は計八三五万人の観客が訪れて大成功し、生きた日本の桜がヨーロッパ人の目に触れるよい機会となった。

一方、一九一二年には三〇〇〇本を超す日本の桜がアメリカへ渡るという出来事もあった。これは、当時の尾崎行雄東京市長が、日露戦争の講和に尽力したアメリカ政府への謝礼の意を込め、日米友好のシンボルとして贈ったもので、ワシントンのポトマック河畔に植えられた。その二年前に二〇〇〇本が贈られていたが害虫や病気が発見されて焼却処分となっていたため、二度目は慎重に苗木が準備された。これらの桜はその後大木に成長し、「ポトマック河畔の桜並木」として世界的に有名になる。

二〇世紀に、イギリスで日本の桜が普及する機は熟しつつあったのである。

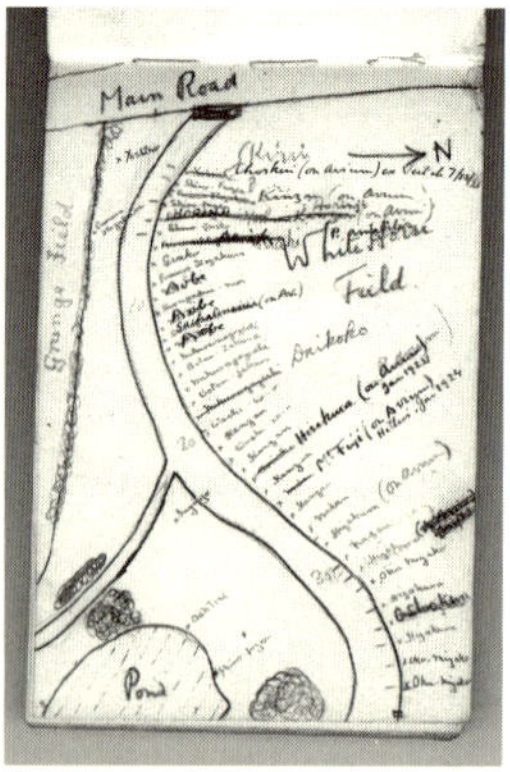

桜園の計画図(1923－4年ごろ作成，イングラム家提供)

桜園を造る

イングラムは、猛烈な勢いで庭園造りと桜の収集を進めた。ザ・グレンジの屋根裏部屋はイングラムの書斎となり、みるみるうちに園芸や植物、庭園に関する書物と、当時入手可能だった日本の桜に関する資料で埋まった。桜の資料はイギリスには何ひとつなく、日本とアメリカから取り寄せなければならなかった。

庭園造りでイングラムが最優先したのは、「できる限り、自然な景観にする」ことであった。

> 大自然の風景には、決して左右対称やまっすぐの線はない。たとえば水平線も直線ではなく、弧を描いているし、森の中を歩いてみれば森の道もゆっくりと弧を描いていることに気づく。私は自分の庭にカーブを多く取り入れることを決めた。

イングラムは晩年の著書『思い出の庭』で、こう回想している。

これは、自然の景観をうまく取り入れるイギリス式庭園の伝統に即している。左右対称や直線の多い幾何学的なフランス式庭園とは対照的である。

こうして、ザ・グレンジの敷地の入り口から家までのあいだに二度、三度と大きくカーブした私道が造られ、その両側に桜を植樹して桜園を造ることが計画された。

「訪問者は桜に迎えられてザ・グレンジに入り、ゆるやかなカーブを曲がるごとに新しい桜の風景が繰り広げられる」

こんなイメージをイングラムは描いた。背後に広がる庭の空間にも、同じようにカーブのある小道をつけ、桜以外にもさまざまな樹木、低木、花を植えていくことにした。

イングラムは庭師シドニー・ロックを雇い、敷地内のコテージを与えて住み込みで仕事を手伝わせた。しかしデザインはすべて自分でやり、自らもシャベルと鍬を持って庭園造りに励んだのである。

次に、桜の収集。いったん実行することを決めたときのイングラムの集中力は並外れている。日本の桜を扱っている国内の植木商はすべてあたり、入手できる品種を残らず購入した。このころイギリスで入手可能だったのは〝鬱金《ウコン》〟〝天の川《アマノガワ》〟〝普賢象《フゲンゾウ》〟などである。イングラムが重要視したのは、「多品種の桜を収集する」ことだった。

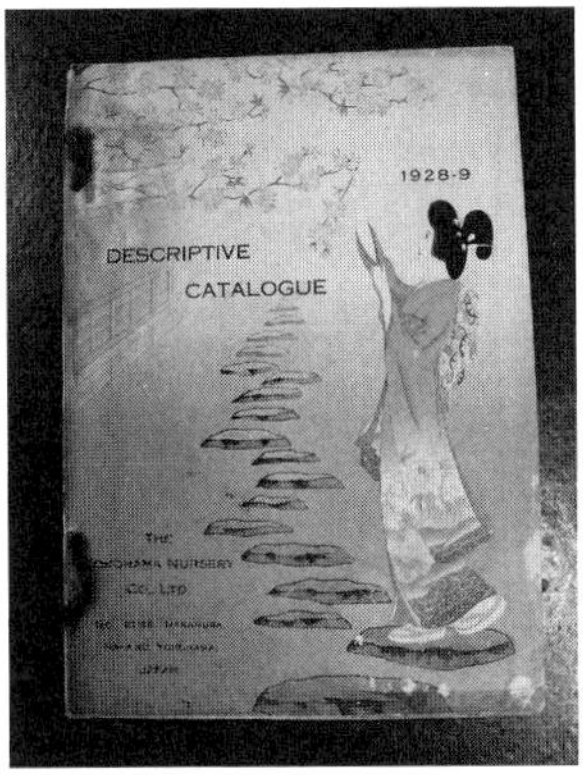

横浜植木商会の1928年版カタログ．桜をあしらった表紙絵が美しい(横浜開港資料館にて，著者撮影)

日本の植物専門商社「横浜植木商会」のロンドン事務所からも、桜を購入した。横浜植木商会は、一八九〇(明治二三)年、日本の植物の海外での高い需要を見込み横浜で設立された会社で、北米のサンフランシスコやニューヨークに事務所を置くなど欧米に積極的に進出し、ロンドン事務所も一九〇七年に開設していた。

横浜植木商会は現在でも横浜植木株式会社として存

続しているが、一九世紀から二〇世紀にかけて海外向けに発行していた英語の商品カタログが、横浜市の「横浜開港資料館」に保管されている。私は二〇一四年一二月、資料館を訪ねて二〇世紀初めの商品カタログを探した。

一九〇五(明治三八)年版のカタログには、桜について次のような一文があった。

ジャパニーズ・チェリーは、四月の穏やかで気持ちのよい季節に、すばらしく優しい花をあふれんばかりに咲かせる。街路樹としても適している。

そして、取扱品種として〝彼岸桜《ヒガンザクラ》〟〝有明《アリアケ》〟〝大提灯《オオジョウチン》〟〝御車返《ミクルマガエシ》〟などの栽培品種の名前が挙げられていた。

イングラムはまた、アメリカからも桜を調達した。

日本の桜の導入に関しては当時、アメリカのほうがヨーロッパよりも一歩、先を行っていた。ワシントンのポトマック河畔に日本の桜が植樹される数十年前には、すでに桜に関心をもつ研究者がいた。一八七二年にマサチューセッツ州のハーバード大学に創設された樹木園「アーノルド樹木園」の初代園長、チャールズ・スプレイグ・サージェント(樹木学教授、一八四一―一九二七)が熱心に東アジアの樹木を収集していたのである。

サージェントは自ら日本に行き、東北や北海道で樹木の種子を採集したが、そのときに桜の美しさに目をとめ、後年、樹木園に勤務していたイギリス人プラントハンターのアーネスト・ヘンリー・ウイルソン（一八七六―一九三〇）を桜の収集のために日本に派遣する。ウィルソンによって多数の桜が樹木園に導入され、一九一六年には欧米で初めての桜の本『日本のサクラ』も出版された。

イングラムは、アーノルド樹木園に手紙を書き、自分のもっていない品種を入手した。

また、ウィルソンの影響で、アメリカには日本の桜を積極的に取り扱う大手の植木会社がいくつかあった。カリフォルニア州サン・ホセの「ウォルター・B・クラーク」社、ニューヨークの「クランス・マッケンジー」社などである。イングラムは、創設者のクラークやマッケンジーに直接手紙を書いて桜を購入し、彼らと長くつき合って「桜ネットワーク」をつくり上げた。

一方、イギリス国内では、王立キュー植物園に二〇世紀の初めにはある程度、日本の桜が植樹されており、イングラムは植物園から栽培品種〝手毬《テマリ》〟などの穂木をもらっていた。ウィルソンが渡米前にキュー植物園に長く勤務していた関係で、植物園にはウィルソンの採集した桜の種子も一部が送られ、植樹されていた。

このほかに、貴重な桜の入手源となったのは、園芸関係の友人、知人である。イングラムは日本の桜を庭に植えている人があると聞けばすぐさま、その人物に連絡をとり、訪問して穂木を分けてもらった。そしてそれらを「接木」して育て、庭園に植樹していった。

接木というのは、ある桜を増殖する際に、その樹の穂木（枝）を切り、根のついた切り株状の別の樹（「台木」）に接ぐことである。穂木がうまく台木にくっつけば台木の上で成長し、一本の樹になる。イングラムはさまざまな桜の穂木をイギリス原産の「セイヨウミザクラ」に接いで、成長させた。

こうして、手あたりしだいに日本の桜を収集して繁殖し、庭に植えることを続けるうちに、ザ・グレンジの庭園には立派な「桜園」ができた。収集をはじめてからわずか六年後の一九二五年には、すでに七〇品種の桜が育ち、花をつけていた。

桜研究を生涯の仕事に

イングラムは一九二五年、イギリスの権威ある王立園芸協会の紀要(RHS Journal)に、桜について初めてまとまった論文“Notes on Japanese Cherries”(「日本の桜に関する覚書」)を発表している。すべて自分の庭園で育てた桜をもとに、四〇品種について花や葉の形、花のつき方、大きさなどの特徴を詳細に記述したもので、ヨーロッパでは初の「桜辞典」だったといえる。この覚書はその後、第二弾(一九二九年)、第三弾(一九四五年)と続き、一九四八年にそれらを集大成した著書 *Ornamental Cherries*(『観賞用の桜』)に結実する。

第一弾で取り上げられたのは、野生種のヤマザクラ、オオヤマザクラ、オオシマザクラのほか、栽培品種の〝関山《カンザン》〟〝麒麟《キリン》〟〝八重紫桜《ヤエムラサキザクラ》〟〝朱雀《スザク》〟などである。

「桜辞典」を書くにあたってイングラムがいちばん苦労したのは、当時、桜の名前が非常に混乱していたことだった。

そのころイギリスの植木商は、日本から輸入した桜に本来の日本の名前とはちがう、イギリス人にアピールする英語名をつけていた。たとえば、栽培品種の天の川は、花がリンゴの花に似ていることから「アップル・ブロッサム」と名づけられ、〝千里香《センリコウ》〟は「マウント・フジ(富士山)」として販売されていた。しかも、植木商がそれぞれ好き勝手に命名していたので異名同種、同名異種の桜がいくつも出回っていた。

「桜の品種名は絶望的ともいえるほど混乱している」。イングラムはこう嘆きながら、名前の整理にあたった。そのころ書かれた桜に関する学術論文と、自分の桜を一本一本、照らし合わせるのは困難な作業だった。当時、日本における桜の専門家は、東京帝国大学教授の三好学(一八六一―一九三九)と京都帝国大学教授の小泉源一(一八八三―一九五三)である。

日本の桜は、一〇〇〇年以上の歴史をもち、数ある栽培品種の多くは江戸時代に生まれた。しかし、その学術的な記載は主に一九一〇年代から二〇年代になされたのであり、桜の科学的な研究は二〇世紀になってようやくはじまったばかりだった。桜の分類学も、当時はまだ黎明期にあった。

三好は明治二〇年代に東京帝国大学理学部を卒業後、ドイツに留学して植物生理学を学び、帰国後に日本の植物学の基礎を築いた。桜の研究に力を入れ、一九一六(大正五年)年に一三〇種類以上の野生種と栽培品種の桜について分析した論文「日本のヤマザクラ、その野生種と栽培品種」をドイツ語で発表し、多品種の桜の植物画を木版多色刷りにした『桜図譜』も出版していた。当時の日本社会では「桜博士」と呼ばれていた。

一方、小泉源一は東京帝国大学を卒業後、京都帝国大学で教鞭をとり、日本の植物分類学の基礎を築いた。小泉は一九一三年にバラ科の植物に関する論文を発表し、その中で桜についても記述していた(桜は植物学的にはバラ科に属する)。

イングラムは自分の論文を書く際、この二人の論文と著書、さらにウィルソンの『日本のサクラ』

を参照した。しかし、先人たちの資料を参考にしても品種名がわからないこともあった。そんなとき、イングラムはその桜を自分で命名することにした。

「自分の育てている桜が今までにない新品種だと主張するわけではないが、専門家に聞いてもわからないときはその桜を〝洗礼〟し直したほうがよいと思った」(論文より)というわけだ。

この論文で、イングラムによって「命名」された桜は〝ダイコク〟と〝ホクサイ〟である。

ダイコクは、濃いピンク色の大柄の花をつける八重桜で、イングラムは友人の庭で見つけ、穂木をもらってセイヨウミザクラに接木し、庭園で育てていた。この友人は二〇世紀初頭、独自に日本からいくつかの桜を輸入していた。紫がかった花びらの色や大きさ、枚数、花のつき方など、どれを見ても先人の資料にはこの桜の記述がなかったため、イングラムは「ダイコク(大黒)」と名づけた。「繁栄を意味する日本の神にちなんでこの名を選んだ」としているが、「大黒」は、仏教の守護神「大黒天」のことである。

また、ホクサイは、一家がザ・グレンジに入居した際に植樹されていた二本の大木で、イングラムを桜研究に誘うきっかけとなった桜である。この桜の名前を確定しようと、見本を三好に送って判断を仰いだが、三好から来た返事は「日本には多数の栽培品種があるが、名前のわかっているものは比較的わずかしかない。この桜の品種名は不明である」というものだった。

「それなら、私が命名するよりほかにない。この桜を、世界的に有名な日本の画家、葛飾北斎にちなんで、〝ホクサイ〟と名づける」とイングラムは宣言した。

ダイコクとホクサイは、その後、現在にいたるまでイギリスのみならず、他のヨーロッパ諸国やアメリカでもとても人気のある品種として流通している。しかし、本家の日本で栽培されているかどうかは不明である。

後の章で触れるが、桜はとても変種のできやすい樹で、他の桜との自然交配によって新しい姿かたちの桜が生まれることがよくある。また、栽培品種の数が飛躍的に増えた江戸時代の記録はほとんど残っていないため、栽培品種の桜がどの親から生まれたのかは、じつは現在でもわかっていないものが多数ある。

一九九〇年代以降にＤＮＡ（デオキシリボ核酸）分析の技術が生まれてようやく親木を特定できるようになった。国立森林総合研究所多摩森林科学園の主任研究員、勝木俊雄は、このＤＮＡ調査によって桜の品種を確定する作業を現代の日本で進めている。勝木は二〇一四年と二〇一五年に、桜の調査のために二度訪英し、イギリスの桜の標本を多数日本に持ち帰って、ＤＮＡの調査をしている。

後の章でくわしく触れるが、イングラムは日本で絶滅した'太白《タイハク》'という桜を里帰りさせている。勝木の調査によってダイコクとホクサイがすでに日本にはない品種であることがわかれば、この二品種も一九世紀の終わりから二〇世紀の初めにイギリスに渡り、イングラムのおかげで生き残ったということになる。およそ一〇〇年を経て、再び日本に「里帰り」することになるかもしれない。

収集をはじめてから六年という短期間で、イングラムはすでに「桜研究の権威」になりつつあった。「日本の桜に関する覚書」で取り上げられた四〇種は品種の特定できたものに限られており、「まだ品種の確定できないものが二九種、庭園で成長している」と書かれている。それらを合わせると、この時点ですでに計六四種の桜が桜園にあったことになる。

イングラムは論文の最後に「ここで取り上げていない品種の桜を育てている人があれば、ぜひ知らせてほしい」と書き、ザ・グレンジの住所を記している。できる限り多くの桜を収集し、研究を深めようという強い意欲がうかがえる。

（1）Ingram, Collingwood, *Random Thoughts on Bird Life*, 1978、九八歳のときに自費出版された。
（2）ウェストゲイト時代のコリングウッド・イングラムとイングラム家についての記述は、イングラム家への取材と、イングラムの義理の孫 Ernest Pollard と編集者 Hazel Strouts の共同編集による著書 *Wings over the Western Front: The First World War Diaries of Collingwood Ingram*, Day Books, 2014 に基づく。
（3）第一次世界大戦中にイングラムが残した日記と多数の写生画は、*Wings over the Western Front* に収録されている。
（4）中西輝政『大英帝国衰亡史』ＰＨＰ、一九九七年、二四六頁。
（5）Ingram, Collingwood, *A Garden of Memories*, H.F.Witherby Ltd., 1970.
（6）ベネンドンの歴史は、Ernest Pollard のウェブサイト http://www.benenden.history.pollardweb.com/ に基づく。
（7）Kuitert, Wybe, *Japanese Flowering Cherries*, Timber Press, 1999, p.74.
（8）前掲 *Japanese Flowering Cherries*, p.74-5.
（9）ハーン、ラフカディオ『新編 日本の面影』池田雅之訳、角川ソフィア文庫、二〇〇〇年、三五頁。
（10）前掲 *Japanese Flowering Cherries*, p.78.
（11）前掲 *Japanese Flowering Cherries*, p.90.

第二章

日本への「桜行脚」

——日本の桜が危ない

三度目の日本

ザ・グレンジの桜園の品種は一〇〇種類を超えた。これ以上、イギリスで手に入る桜はない。イングラムは「日本へ桜行脚に行こう」と決心した。

イングラムは一九二四年に父親のウィリアムを、その翌年の二五年には母親のメアリーを相次いで亡くしていた。イギリスでは一九世紀末から貴族や富裕層への財産税、相続税が強化されはじめ、イングラム家を直撃した。税金対策のため、ウィリアムは亡くなる前に南フランスの別荘を手放し、西インド諸島のリトル・トバゴ島もウィリアムの死後、地元に無償で譲渡された。

それまで父親の財産を最大限に利用していたイングラムは、そんな変化を目にして、自分の足元を固める必要性を実感したようだ。生涯の仕事と決めた「桜研究」を完成させるためには、ぜひとも日本を再訪しなければならなかった。

三度目の訪日は一九二六(大正一五)年春のことであった。

これに先立ち、イングラムはイギリスで、日本の鷹司信輔《たかつかさのぶすけ》公爵(一八八九―一九五九)と知り合った。鷹司は鳥類研究家で、日本では「鳥の公爵」と呼ばれていた。東京帝国大学動物学科で飯島魁《いさお》教授に師事し、一九一二(明治四五)年に、やはり飯島の弟子だった黒田長禮《ながみち》侯爵らとともに日本鳥学会を設立し、飯島を初代会長に据えていた。

飯島はイングラムの二回目の訪日の際、鳥の捕獲に関する日本政府からの許可証取得のために手助けし、黒田は後年、鳥学会の会長に就任してイングラムを名誉会員に推した人物である。

鷹司は、飯島の死去にともなって一九二二(大正一一)年に鳥学会の会長に就任していたが、二四年から一年半、ヨーロッパに遊学。なかでもロンドンに長く滞在し、大英博物館や自然史博物館に通って鳥類の研究に没頭していた。

その鷹司がある日、イングラムをケント州の自宅に訪ねてきたのである。イングラムはすかさず、言った。

「日本へ桜の収集に行きたい。なんとか世話をしていただけないだろうか」

イングラムは運の強い男である。鷹司はこの後、日本に帰国してから、当時日本の桜を守ろうと東京で結成されていた「桜の会」の会長に就任した。鷹司のおかげで、イングラムは東京や京都で、日本の指導的立場にあった財界人や学者、華族らの手厚い歓迎を受け、多くの桜関係者に接触することになる。

鷹司がザ・グレンジを訪ねたのはちょうど桜の咲くころで、庭の桜園のヤマザクラが満開であった。イングラムは訪日時に東京で開かれた「桜の会」の会合に招かれ、スピーチをしているが、鷹司はその際、紹介に立って次のように述べている。

私は一昨年、英国に参っておりまして……。(中略)イングラムさんのお庭でみごとなヤマザクラがちょうと満開でありましたので、日本に帰ったような感じがいたしまして、たいへん愉快に感じたのであります。(1)

幻滅

一九二六年三月三〇日、イングラムの乗った船は長崎港に到着した。このとき彼は四五歳、前回の訪日から一九年の年月が経っていた。今回の目的はただひとつ、「新しい桜を収集する」こと。僻地や山奥にも行く覚悟で、どんな桜に出会うことができるか期待に胸を膨らませていた。

イングラムを迎えたのは、まだ春の到来しない、寒い日本であった。どこを見ても桜の花は目に入ってこない。この年は例年になく寒さが長引き、桜の開花は大幅に遅れていた。国内船に乗り換え、水面の蒼く輝く瀬戸内海を通って東京へ向かったが、甲板に出ても冷たい空気が顔をなでるのみだった。

天候は明るいが、寒い。瀬戸内海の岸辺の丘の頂は、どこも雪に覆われている。長崎に着くころには桜は満開になっているだろうと聞いていたが、ようやくヤマザクラが何本か、蕾を開きはじめたばかりだ……。（四月一日の日記より）

イングラムはがっかりして、身震いしながら船室に戻った。

東京でも寒さは続いた。四月一日、到着後すぐに東京帝国大学付属の小石川植物園に三好学教授を表敬訪問する。各種桜を見ながら話を聞きたいと思っていたが、植物園で開花していたのは沖縄産のカンヒザクラのみ。三好との会合はカンヒザクラとヒマラヤ桜の違いなどについてよもやま話をしただけで終えた。

イングラムは翌日、横浜市の横浜植木商会を訪ねる。横浜までの道すがら、彼の目に飛び込んできたものは、近代的なビルが林立する都会の風景であった。

時は大正一五年。三年前に発生した関東大震災で関東一円は見る影もなく破壊され、その後の復興事業によって、幅の広い道路が整備され、鉄筋コンクリート構造の建物が所狭しと建てられていた。残った木造建物もあちこちで取り壊され、改築工事が進んでいた。

東洋の街並みは消滅し、その同じ場所に超西洋的なおそろしく巨大で醜いビルが建ち並んでいる。私の目には、日本が西洋の文明をあまりにも速く大量に、ひと息にのみ込もうとしているかに見える。この国は美的感覚を失い、猛烈な消化不良を起こしている。（四月二日）

前二回の滞在であれほど虜になった日本の自然と伝統美は、近代化の波のなかで急速に失われつつあったのだ。

横浜植木商会では、鈴木清蔵社長と鈴木の側近で支配人(当時の肩書。現在このような役職は同社にはない)の島村益之助に会った。

「ようこそおいでいただきました。イギリスからわざわざ訪ねて下さり、たいへん光栄です」

島村の案内で社長室へ行くと、鈴木はにこやかにこう言って出迎えた。イングラムが応接椅子に座ると、会話は通訳を通じて行われた。

「日本には数百の桜の品種があると聞いています。私は珍しい桜を探しに来ました。最近では日本人は、どんな品種に興味を持っているのでしょうか?」

イングラムが尋ねると、鈴木と島村は顔を見合わせた。しばしの沈黙の後、鈴木が口を開いた。

「日本の桜はかつては多くの栽培品種があったんですがねぇ……。残念ながら、いまでは顧客の関心は花がひと重か八重か、だけのようです。このごろは派手さを欠くおとなしい桜や珍しい品種の桜を注文する人は、めったにいません」

「……」

イングラムが言葉を失っていると、島村がつけ加えた。

「珍しい品種の桜は需要が少ないので、私どもにとっても商売上、あまり利益にならないんです。増殖にはたいへんな手間がかかりますので……」

イングラムは、顔に一撃をくらったかのようなショックを受けた。

日本には、ヤマザクラやオオヤマザクラなど野生の桜が一〇種類自生している。それらの野生の桜の一部が変異を起こして変種となったり、互いに交配して新種が生まれたり、ということが自然に起きて、それまでになかった桜が生まれる。

それらを人間が選び、人為的に栽培して生まれるのが「栽培品種」である。日本にはこの栽培品種が多数あり、その数は四〇〇種類以上といわれる。そのうち約二五〇種類以上が江戸時代に江戸(東京)や京都を中心に誕生し、大名屋敷や神社仏閣に植えられていた。

日本では歴史上、植木職人たちが腕によりをかけて、もっと美しく、より魅力的な桜を、と新しい品種の開発に精魂を傾けてきたのだ。イングラムは、その多様な桜を探しに、はるばる日本まで来た。まだ専門家が確認していない桜を自分が地方で見つけることもできるかもしれない——。そんな希望と野心を内に秘めていた。

しかし今、植木専門会社の最高幹部は、多品種の桜に対する日本人の関心は薄れたと言った。桜の品種開発は、他国の干渉を受けることのない鎖国時代だったからこそ、可能だったというのであろうか。西洋諸国に門戸を開いた今、日本人はもはや伝統を大切にする心を失ってしまったのか。開国とその後の近代化は、いったい日本に何をもたらしたのだろうか——。

鈴木、島村との桜をめぐる会話は数時間に及んだが、夢にも思わぬ現実を知って、イングラムは深い悲しみに包まれていた。

近代化による商業主義の波が、数々の美しい桜を愛でる心を日本人から奪ってしまったようだ。人々がいまでも桜を熱愛していることは事実だが、多様な桜への関心はすでに失われている。あふれるほど多様な品種があった時代は過ぎ去った。島国日本が、長期間にわたって平和と繁栄を享受し、芸術と伝統美を追求した徳川時代は、もはや過去のものとなったのだ。(四月二日)

そしてイングラムの懸念は、桜の将来に向かった。

華やかさのないものや、手間のかかる品種を絶滅から救おうという関心が(この国の人々に)ないのなら、桜の品種は減っていく一方だろう。(四月三日)

しかし彼は、ここで思い直す。「幸い、桜はそれほど短命ではない。まだいくつかの品種を救うことができるかもしれない」と。

イングラムは、自分が日本の桜を救う一端を担おうと決意する。「将来日本人は、もっとも美しい桜をヨーロッパやアメリカで再発見することになるだろう」という、シニカルで切実な思いをかみしめながら……。

イングラムはこの日、鈴木と島村に、横浜植木が取り扱っている桜の品種名をすべて教えてほしいと頼み、後日、東京の滞在先だった帝国ホテルで返事を受け取っている。それによれば、横浜植木は七二品種の桜を育成していた。イングラムは日本滞在中に、鈴木と島村の案内で横浜植木が鎌倉にも

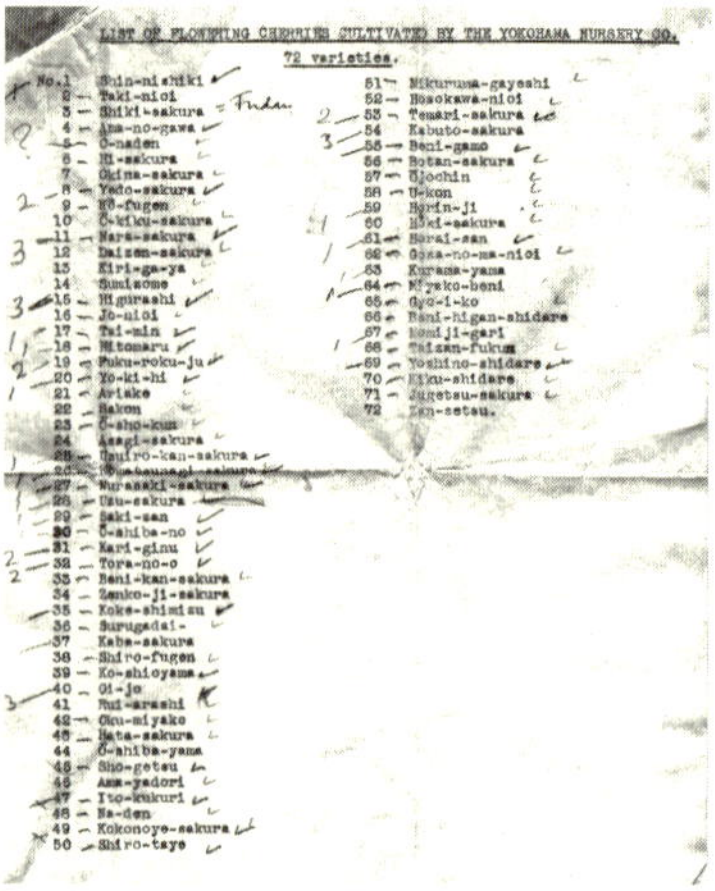
LIST OF FLOWERING CHERRIES CULTIVATED BY THE YOKOHAMA NURSERY CO.
72 varieties.

No.1 Shin-nishiki
2 Taki-nioi
3 Shiki-sakura
4 Ama-no-gawa
5 Ō-naden
6 Hi-sakura
7 Okina-sakura
8 Yedo-sakura
9 Kō-fugen
10 Ō-kiku-sakura
11 Nara-sakura
12 Daizen-sakura
13 Kiri-ga-ya
14 Sumizome
15 Higurashi
16 Jo-nioi
17 Tai-min
18 Hitomaru
19 Fuku-roku-ju
20 Yo-ki-hi
21 Ariake
22 Sakon
23 Ō-sho-kun
24 Asagi-sakura
25 Usuiro-kan-sakura
26 [illegible]
27 Murasaki-sakura
28 Usu-sakura
29 Saki-san
30 Ō-shiba-no
31 Kari-ginu
32 Tora-no-o
33 Beni-kan-sakura
34 Zenko-ji-sakura
35 Koke-shimizu
36 Surugadai-
37 Kaba-sakura
38 Shiro-fugen
39 Ko-shioyama
40 Oi-jo
41 Rui-arashi
42 Oku-miyako
43 Hata-sakura
44 Ō-shiba-yama
45 Sho-getsu
46 Ama-yadori
47 Ito-kukuri
48 Na-den
49 Kokonoye-sakura
50 Shiro-taye
51 Mikuruma-gayeshi
52 Hosokawa-nioi
53 Temari-sakura
54 Kabuto-sakura
55 Beni-gamo
56 Botan-sakura
57 Ōjochin
58 U-kon
59 Horin-ji
60 Hōki-sakura
61 Horai-san
62 Goza-no-ma-nioi
63 Kurama-yama
64 Miyako-beni
65 Gyo-i-ko
66 Beni-higan-shidare
67 Momiji-gari
68 Taizan-fukun
69 Yoshino-shidare
70 Kiku-shidare
71 Jugetsu-sakura
72 Zan-setsu.

イングラムが横浜植木商会に注文したリスト
(イングラム家提供)

っていた試作場を二度訪ね、これらの桜を見学している。

イングラムが受け取ったリストには、四〇種類に印がつけられ、それぞれ「1」「2」などと数字が書かれている。これはイングラムが試作場で質のいい桜を自分の目で確かめて選び、希望の本数を書きこんだものと思われる。彼はこれら多品種の桜をさっそく注文し、桜の保存活動をはじめたのである。

そんな心境を知ってか知らずか、翌三日、鷹司信輔はイングラムを東京郊外の浅川(現八王子市)で開催されたチャボ(日本の天然記念物に指定されている鶏の品種)のショーに連れて行った。全身の羽が逆立つ「逆毛」、羽が絹のような糸状の「糸毛」など、全国から集まったチャボを愉快に見学して、桜のことは忘れ、鶉矮鶏《うずらちゃぼ》が垂直にピョンピョンと飛びはねるようすなどを見て大いに笑った。

ショー見学の後、鷹司はイングラムを地元の鳥愛好家の集まり(日本鳥学会の地域支部の集会だと思われる)に誘った。民家で開かれていた集会では、男性のひとりが立ち上がり、「チチチ……」「ホケキョ、ホケキョ」などと、さまざまな日本の野鳥の鳴き声を上手にまねしてさえずり、座を沸かせた。この男性は、なんと一九年前の訪日時に、富士山麓で鳥の巣を探す手伝いをしてくれた須走村の「タカタ」の兄弟であることがわかって、イングラムを驚かせた。

イングラムはこの集会で、日本人のあいさつの仕方に仰天した。鷹司とともに民家に着いたとき、出席者が全員、玄関に集合したのである。

彼らはひとりずつ膝まずき、床に頭をこすりつけて、われわれにあいさつした。それは永遠に続くかと思われるほど長いあいさつだった。(四月三日)

集会終了後、一行はイングラムを料亭に招待したが、この長いあいさつがまた初めから繰り返された。料亭は名の知れたすき焼き専門店だったようだ。食事には黒田長禮侯爵も来ており、座敷でイングラムの真向いに座って鍋をともにした。当時、日本食は外国人にはまったく馴染みがない。何もかもが珍しかった。

正方形の「ヒバチ」の上に乗せた鍋に、各自が材料を入れて料理する。極端に薄くスライスされた牛肉や野菜が生のまま、次々に運ばれてきた。鍋の中のソースにはどんな調味料が使われているのか、神のみぞ知る! 材料が煮えると、ハシで取り出して、ナマ卵を割り入れたおわんに浸してから食べるのだ。食事の最後には、薄切りにしたリンゴとオレンジを盛ったお皿がいくつか出され、木の爪楊枝に突き刺して食べた。(同)

古都での「発見」

四日、イングラムは京都へ向かう。京都には一〇日ほど滞在するが、鷹司も日程の一部を同行していたようだ。宿泊先は市内東山区の都ホテル。このホテルは、京都にも文明開化の時代にふさわしい宿泊施設を、と一九〇〇(明治三三)年に創設された最高級ホテルで、外国からの要人がよく泊まる「京都の迎賓館」だった。鷹司の手配で予約されたと思われるが、イングラムは京都では「賓客」扱いなのであった。

京都でも桜の開花は遅れていたが、数日経つと次々に花をつけ始め、イングラムは、古都の神社や寺院の庭にはまだ多くの品種の桜が残っていることを知る。

この数日間は天にも上る気分だ。〝枝垂桜《シダレザクラ》〟が桃色の滝をつくっている。円山公園の枝垂桜もすばらしい。どの桜も少しずつちがっている。(四月八日)

この日、豊臣秀吉ゆかりの醍醐寺(現京都市伏見区)を訪れた。秀吉が花宴を演出するために寺院を修復し、近辺から七〇〇本の桜を集めて植え、慶長三(一五九八)年三月、盛大に「醍醐の花見」を開いた場所である。イングラムは三宝院の中に入り、室内から外のみごとな枝垂桜を見た。

障子の開け放たれた窓から外を見ると、強い陽射しが柔らかな桃色の花雲を突き抜けていた。それが(自分のいる)薄暗い部屋の影とコントラストをなし、名状しがたい効果を醸し出していた。

(同)

一〇日は、おそらく鷹司の計らいであろう、京都在住の勧《か》修寺《じゅうじ》経雄《つねお》伯爵(一八八二―一九三六)が通訳者を伴い、イングラムを清水寺や京都御所、平安神宮に案内した。勧修寺経雄は京都の元公家の名家、勧修寺家の出身で、東京高等農学校(現東京農業大学)を卒業。植物や園芸に造詣が深く、京都園芸倶楽部を創設した。また、後年の一九三八(昭和一三)年には桜を含む京都の名木を記した『古都名木記』を著している。京都で当時、桜の専門家として知られていた。

この日は実りの多い、よい一日だった。イングラムはいくつかの「新しい桜」(自分のもっていない桜)を「発見」し、勧修寺に後日、穂木をイギリスへ送るように頼んでいる。

桜を接木する場合、台木の上に接ぐ穂木(若い枝)は、樹が休眠中の冬のあいだに採取する必要がある。イングラムはこの桜行脚で見つけた桜の穂木をイギリスに持っていくために、各地で桜の所有者に頼み、その年の冬に穂木を伐ってイギリスの自宅まで送るように依頼したのである。

日記には「勧修寺伯爵が八本の穂木を送ることを約束してくれた」とある。まず、清水寺の境内で見つけたエドヒガン系と見られる半八重の桜。これは「枝の一部が枯れていてあまり健康な樹ではないが、花の美しさはみごと。ぜひとも保存しなければならない」。

次に、御所に植樹されていたヤマザクラ系の桜。「これまで見たヤマザクラのなかでは、いちばん花が小さい。樹全体は横幅の広い、頂が王冠のような形をした桜」であった。

平野神社では、「興味深い品種が多数、あった」とし、〝菊桜《キクザクラ》〟〝妹背《イモセ》〟〝手弱女《タオヤメ》〟の穂木を勧修寺に依頼した。

収穫の多さに気をよくしたイングラムは、過日（五日）、南禅寺最勝院で見た、すばらしく大きな花びらの〝十月桜《ジュウガツザクラ》〟と、円山公園の枝垂桜の穂木も送ってくれないか、と勧修寺に頼み、勧修寺は快く引き受けた。この日の日記には欄外に「伯爵にイギリスの白色のライラックを送ること」とのメモ書きがあり、勧修寺の京都市内の住所が記されている。桜の穂木を送ってもらう礼に、イギリスの花木を贈ることを申し出たのであろう。

これらの穂木は、イングラムが帰英した後、その年の冬にケント州のザ・グレンジに無事到着し、接木されてイングラムの桜園に加わった。勧修寺は約束を果たしたのである。送られた穂木のうち、妹背と手弱女は成長して大木になり、イングラムによって初めてイギリスに導入された貴重な品種となった。

ところで、平野神社でイングラムは、おもしろい体験をしている。平野神社の境内に植樹されていた一〇―一五品種の桜には、それまで聞いたことのない名前ばかりがつけられていた。たまたま仕事をしていた庭師がいたので、イングラムは尋ねた。

「ここの桜の名前は、（東京帝大の）三好学教授の分類に従ってつけてあるのですか？」

「いや、教授は分類に東（東京）の名前を使《つこ》てはるんですわ。ここの桜は西（京都）の名前を使《つこ》うとります」

庭師の答えを聞いて、勧修寺も京都は日本の古都であり、東京と同じ名称を使う必要はない、とつけ加えた。イギリスだけではない。本家の日本でも、長い歴史のなかで、桜は地域によって異なる名がつけられていたのである。

桜の分類は難しいとよくいわれるが、じつはこうした名前の混乱は今日まで研究者たちを悩ませ続けてきた。桜のDNA調査によって名称の統一をはかろうとしている森林総合研究所の勝木俊雄の仕事は、イングラム訪日から九〇年後の現在も進行中なのである。

四月一一日夕、勧修寺が京都府立植物園長の郡場寛《こおりばかん》(一八八二―一九五七)をはじめ、六、七人の植物関係者(名前は不明)を伴って、都ホテルにイングラムを訪ねた。

京都府立植物園は、京都府の肝いりで、その二年前の一九二四(大正一三)年に開園したばかりであった。園の敷地は、京都府が当初、大正天皇即位の大礼が京都で行われることを記念する博覧会を開催しようと購入したが、これが不調に終わったため、代わりに植物園の建設が計画された。三井財閥の三井家が二五万円(現在の約二億三一〇〇万円にあたる)を寄付して、一九一七(大正六)年から七年間かけて建設された。当時国内には東京帝大付属の小石川植物園など大学の研究用の植物園がふたつあったのみで、府立植物園は二四ヘクタールの広大な面積をもつ、日本最初の本格的な公立植物園として、注目されていた。

明治維新後の「新生日本」で、東京に対抗する文化の地、京都をアピールする意図から、京都府は植物園の運営にことのほか力を入れており、園長には後に京都帝国大学理学部長に就任する大物植物学者の郡場寛を抜擢した。郡場はその後、第二次世界大戦中に陸軍司政長官としてマレー半島に赴任し、シンガポールの昭南植物園長を兼務した。そのとき、郡場はイギリス人の元園長らが日本軍によって投獄されるのを阻止し研究を続行させたほか、園内の樹木を戦火から守ったことで、戦後、名を知られた。

この日は通訳者がおらず、イングラムの日記には「誰もが単語をいくつか知っている程度の英語力しかなかったため、会話ははずまなかった」とある。郡場がそれほどの大物植物学者であることは知らなかったのであろう、郡場の発言については何も触れられていない。ただ、この会合で発見したことがあった。

一行のひとりで「ミスター・ハマグチ」と名乗る人が帰り際に、「われわれ日本人は、ひと重の白い花のヤマザクラがいちばん好きなんどす。ヤマザクラは素朴で健康的な、桃のような肌をした田舎の娘を思わせ、八重桜みたいに気取って派手なところがないんですわ」と言った。(四月一一日)

「ミスター・ハマグチ」のこの何気ないコメントは、イングラムによほど強い印象を残したらしく、彼は後に書いた桜に関する多数の記事の中で、繰り返しこのコメントを引用している。

こうして京都滞在中に、主だった植物関係者がこぞってイングラムにあいさつに来た。これは鷹司の人脈の広さによるものだけではなく、イギリスからの訪問客に対する当時の日本人の姿勢を示しているように思われる。

明治維新以来、政治制度や産業のあり方、海軍制度などさまざまな面で日本はイギリスを近代化の手本にしていたうえ、第一次世界大戦後の一九二三(大正一二)年まで日英同盟が保持され、両国間には良好な関係が保たれていた。すでに台湾や朝鮮を植民地化し、アジアへのさらなる進出を狙っていた当時の日本は、世界じゅうに植民地をもつ大英帝国に憧憬の念をもっていた。

日本はイギリスには一目も二目も置いていた。イングラムは、日本人が尊敬する国からわざわざ、日本のシンボルである桜を研究しに来た人物として、きわめて丁重に応対されたのである。

吉野山、東京、ミスター・フナツ

イングラムはこの後、一四日に二四年前と同じ「保津川下り」に出かけた。

ボートが山あいをぬって川を下り、峡谷の川幅が広がってきたころ、ヤマザクラが両岸の景色を圧倒しはじめた。山肌を覆う松林の中に点々と、頂上近くまでヤマザクラが咲き誇っている。その赤褐色で半透明な若葉と雪のような花の塊のあいだに、陽光がまっすぐに射し込んでいる。周囲の松林の深い陰影のなかにあって、まるであちこちでまだらに光を放つ斑紋のように見えた。

(四月一四日)

一六日には桜の史跡、奈良の吉野山に行った。ガイドブックには、一日二万五〇〇〇人が吉野山を訪れるとあった。吉野山は日本人の「桜のメッカ」としてあまりにも有名だったが、イングラムは想像を絶する数の花見客の光景をあまり好まず、吉野山の景観は人工的であるとの印象をもったようだ。

なんという人ごみ！　群衆とラグビーのスクラムを組むように登山電車に乗り込み、イワシが居並ぶかのごとくぎゅうぎゅうづめになって、長時間乗車した。私には、ここの桜は大半が植樹されたものであることがわかる。しかもどの樹も小さく、質もあまりよくない。

（中略）

花見客の半分を占める男たちは、酒に酔って大騒ぎするのだ。もっとも、酔って感傷的になり他人に優しくなるか、陽気になるか、大声を出すかぐらいのことなので、とりたてて害はないのだが……。（四月一六日）

イングラムはこの後東京へ戻り、二〇日に荒川堤の桜を見に行く。そして、東京の桜の名士、船津静作（一八五八―一九二九）を訪ねる。荒川堤の桜の由来と、イングラムと船津の出会いについては後にくわしく述べるが、船津は、江戸時代に開発された多くの栽培品種の桜を荒川堤防沿いに植樹したグループの中心人物であった。東京にも、明治維新以降に消えゆく桜を残そうとした心ある人々がいたのである。

この日、イングラムに付き添ったのは、帝国ホテルの前総支配人で、「桜の会」の幹事を務めていた林愛作（一八七三―一九五一）と、荒川堤の桜の植樹にかかわった東京市役所公園課技師の相川要一である。林は幕末から明治にかけて単身米国に渡り苦学した経験があり、英語が達者だった。

舩津との出会いは、イングラムに終生、大きな影響を与えた。彼はイギリスに戻ってから園芸雑誌に寄稿した記事[2]の中で、舩津についてこんなことを書いている。

> ミスター・フナツの案内で私は荒川堤の桜並木を見た。彼はまるで、愛情深い親がわが子の自慢話をするように、一本一本の桜について、その美しさや値打ちを語ってくれた。フナツ氏の瞳は桜への情愛できらきらと輝いており、私を幸せな気持ちにした。彼は、赤ん坊を抱いた母親が子を見つめるときのような優しいまなざしを桜に注いでいた。

二〇日の日記には次のように書かれている。

イングラムが撮影した「桜守」舩津静作
（イングラム家提供）

> フナツ氏の献身がなければ、日本ではまちがいなく、多くの桜の品種がすでに消滅していたであろう。彼は荒川堤の桜のすべてについて詳細に、図入りで記録しているだけでなく、そのうちの何種類かを自分の庭で栽培し、保存しているのだ。（四月二〇日）

日記では、荒川堤防で見た桜の品種として、〝白《シロ》

イングラムが撮影した1926年当時の小金井街道(イングラム家提供)

妙《タエ》〟〝駒繋《コマツナギ》〟〝泰山府君《タイザンフクン》〟〝手毬《テマリ》〟〝白雪《シラユキ》〟などがあげられている。

翌二一日、イングラムは林愛作とともに、当時の東京のもうひとつの桜の名所、小金井堤に行った。江戸幕府の第八代将軍、徳川吉宗(一六八四―一七五一)が一八世紀末に吉野山からヤマザクラを取り寄せて玉川上水沿いに植樹したもので、第二次世界大戦前まで都内屈指の桜の名所として知られていた。

この日は上天気で青空が広がり、遠方には雪を頂いた富士山まで見えた。イングラムは個々の樹によって少しずつ特色のちがうヤマザクラの並木の光景を満喫した。

ここの桜は今まで見たなかでいちばん質がよい。ほとんどの樹の葉は茶色だが、緑がかった葉のものも何本かある。それらは花が大きく、開花時期も遅い。茶色の葉の桜も、よく見ると葉が赤みがかっていたり、鈍い胴色だったり変化がある。また花の形や大きさも少しずつちがう。ウィルソン(E・H・ウィルソンのこと)はチシマザクラがあると言ったが、ここの桜はすべてヤマザクラであり、明らかに間違いだ。(四月二一日)

帰り際に付近の植木屋に立ち寄り、イングラムは八種類の興味深い桜を見つける。彼は店主をつかまえて、林の通訳で言った。

「私は桜の収集家で、日本の桜を集めにイギリスから来ました。お宅にはすばらしい桜がありますが、いま購入して持ち帰るわけにはいきません。ぜひとも今冬、穂木をイギリスに送ってもらえないでしょうか」

店主は「イソムラテイキチ」と名乗った。見も知らぬ外国人からいきなり「穂木を送ってほしい」と言われてイソムラはびっくりしたようすだったが、身なりのきちんとしたイングラムの熱心な態度に心を動かされたらしく、同意してくれた。代金と郵送料を前払いし、店内にあった紅色の梅の穂木も一緒に送ってもらうことになった。

野生の桜を心に刻む

四月二四日から二六日にかけて、イングラムは単独で箱根に出かけ、五月には富士山麓を旅する。江戸時代に開発された多数の栽培品種の桜が消えつつあったとはいえ、日本には野生の桜が一〇種類ある。山へ行けば、人の手の加わらない野生の桜をいく種類も見ることができる。イングラムは箱根周辺と富士山麓で思う存分野生の桜を観賞し、その光景を深く心に刻んだ。

箱根への旅では、芦ノ湖のほとりでマメザクラ(富士桜)がみごとに満開だった。マメザクラは背丈が低く、可愛らしい小柄のうつむいた白い花と赤い萼片《がくへん》の色がブレンドして、遠方から見るとソフト

1926年の桜行脚の際，富士山麓で撮影．隣の男性は1907年の鳥の調査の際にイングラムを手伝った「タカタ」だと思われる（イングラム家提供）

ピンクの花霞をつくっていた。駒ヶ岳の斜面とまだ葉を欠く茶色の樹林を背景に、湖のほとりに密集するマメザクラの光景は、うっとりするほどきれいだった。

標高四二〇メートルの宮ノ下付近まで行くと、今度はヤマザクラが山の斜面をせり上がるようにあちこちで咲いていた。小涌谷で高さ約一五メートル、横幅は最大九メートル近くも枝を広げる巨大なヤマザクラを見た。

樹冠いっぱいに咲いた白い花と赤みがかった琥珀色の葉の群れの中で太陽の光がきらめき踊り、桜は輝いていた。桜はみな、若々しい春の装いとなった。樹林に覆われたこのような山の急斜面ほど、ヤマザクラにふさわしい舞台はない。私はこれほど美しいヤマザクラの風景をほかで見たことがない。（四月二六日）

ヤマザクラは年々自然交配を重ねて、増殖していったのであろう。イングラムは人の手によって開発された栽培品種を熱心に収集して保存したが、じつは最も愛したのはこのような自然の中の野生の桜であった。

イングラムは四月二七日に東京で行われた「桜の会」主催の会合でスピーチをした後（スピーチの内容は後述）、五月に入ってから富士山の北麓へ入り、精進湖から本栖湖までの山道を案内人とともに一部、馬に乗りながら探索する。そこで見たのは、暗い谷間を隔てた向こう側の斜面で、樹々が裸の枝を広げる枯れた風景のなかに、オオヤマザクラだけが枝という枝にあふれんばかりの花を咲かせた風景だった。オオヤマザクラの花は、大柄で鮮やかな紅色のため、満開時には目の覚めるような彩を放つ。

この情景を、イングラムは終生忘れなかった。後年出版した『観賞用の桜』の中で、彼は次のように記している。

> まばゆいばかりの五月の青空の下、オオヤマザクラは、あたかも穏やかな光を放つ照明に照らしだされて浮かび上がるかに見えた。花はバラ色にすら見えて、夜明けの光を浴びて赤く映える雪のようでもあった。

このとき、至近距離にあった一本のオオヤマザクラが彼の目をとらえた。

> 黒々と枝を突き出した松の樹林を背景に、紅色の花の雲が私を魅了した。遠方の山稜を霞が覆い、その上にぽっかりと、銀色に輝く富士山の頂が神秘的な姿で浮かんでいた。（五月六日）

このような超自然的な風景を目の当たりにし、イングラムは自分はほんの小さな人間に過ぎないと感じ、畏敬の念に包まれる。

私はそこに長い時間座り込み、美しい景色がゆっくりと自分の魂に染み込んでいくのを、ただ感じていた。（五月六日）

ふいに、ウグイスの澄んだ鳴き声が山あいに響いた。枯れた山の風景と桜、富士山、そしてウグイスの声……。はるかな東洋の島国で人里離れた寂しい山間部に身を置いていたイングラムは、これ以上は望めないほどのすばらしい舞台装置の中で、言葉にならない感慨に浸っていた。

新種の発見

イングラムの桜行脚は、このほか日光、仙台、松島に及んだ。日光では日光山輪王寺で「金剛桜」と呼ばれる有名なヤマザクラの老木を見、〝普賢象〟や〝関山〟を楽しんだ。松島では背丈一二メートル、幹の太さが五メートルもあろうかという「極上の彼岸桜（エドヒガン）」を見た。

その彼岸桜を目にしたのは、モーターボートで松島湾を遊覧した後、岸に戻る途中の海上であった。後に発表した「桜辞典」第二弾(3)の中で、次のように書いている。

数キロ離れた遠方の海岸の景色の中に、太い筆で一気に描いたような桃色の塊が見えた。近づくとそれはとびきりみごとな彼岸桜だった。樹はさびれた小さな神社の隣に単独でそびえており、枝という枝がすべてぎっしりと、うすバラ色の花びらのなかに埋まっていた。

彼岸桜は、神社のある小さな丘の傾斜面に植樹されており、「桜は傾斜地でいちばんよく育つようだ」と観察している。

この訪日のもうひとつの大きな成果は、富士山麓の村、上吉田（現山梨県富士吉田市上吉田）で、後に彼が〝アサノ〟と名づける桜を発見したことである。

五月四日、イングラムは精進湖へ向かう道すがら、上吉田を訪れ、村の道ばたの民家の塀越しに淡紅色の美しい八重桜がそびえ立っているのを見つけた。近づいてみると、花は薄い花びらを一〇〇枚近くも重ねており、かつて目にしたことのない気品のある桜であった。

即座に私の頭に浮かんだのは、「この桜をどうしたらイギリスにもっていくことができるだろうか」ということだった。（「桜辞典」第二弾より）

じつはイングラムは、二二年前の鳥の調査の際にもこの村を訪ねていた。そのとき村で、日露戦争中に片足を失くしたという元兵士に出会ったことをふいに思い出した。元兵士は、親が村でホテルを経営していると言っていた。

村人に尋ねると、この「片足の男」は、「日露戦争の英雄」として村では有名で、家業を継いで「オサカベホテル」の経営者になっているということだった。さっそくホテルを探して訪ねると、果たして「片足の男」が現れ、イングラムのことをよく覚えていた。

私は本当に幸運だった。彼になんとか目当ての桜の穂木を送ってくれないかと頼むと、快く同意してくれた。ホテルの庭に植樹されていた薄桃色の桜の穂木も、一緒に送ってもらうことになった。(同)

男性はその後、「淡紅色の八重桜」のもち主とかけ合ったのであろう、冬になると、穂木がイギリス・ケント州のイングラム邸に無事到着した。この日の日記には「元兵士に郵送代として一円を手渡した」と記されている。

イングラムはこの桜を三年後に〝アサノ〟と名づけた。この名は歌舞伎の演目「忠臣蔵」の題材となった「元禄赤穂事件《げんろくあこう》」の悲劇の主人公、浅野長矩《あさのながのり》にちなんでいる。

浅野は江戸時代の播磨国《はりま》(現兵庫県西部)赤穂藩の第三代藩主で、元禄一四(一七〇一)年、京都からの勅使の接待役として江戸に出向くが、典礼の指導役吉良義央《きらよしなか》に侮辱されたとして憤り、江戸城内で吉良を刀で斬りつけたため、将軍綱吉から即日切腹を命ぜられた。この仇討に、赤穂藩士四七人が後日吉良を殺害するが、四七人もまた切腹の憂き目にあった。

「風さそふ 花よりもなほ 我はまた 春の名残を いかにとやせん」――忠臣蔵では、浅野が切腹前に、桜が名残惜しそうに風に散るようすをわが身に引き合わせた句を詠み、無念さを表現する場面がある。

イングラムがこの浅野の辞世の句を知っていて桜の名としたのかどうかは不明である。現代の桜の専門家として知られるソウル大学大学院教授、ウィーベ・カウテルトは、アサノの命名について「負傷した日露戦争の元兵士に対するイングラムの同情心の表れだったのではないか[4]」と推測しているが、あるいはそんなことだったのかもしれない。

アサノはイングラムがイギリスに導入した品種のなかでも、彼自身がとても気に入り、誇りにしていた品種である。イギリスでは今も人気があり、現在、キュー植物園にも一五対《つい》三〇本のアサノが植樹されて並木を造っている。並木は毎年四月下旬から五月初めにかけて鮮やかな花を咲かせ、来園者の目を楽しませている。

イングラムはこの後、単独で列車に乗り、九州を旅している。東京から事前に、大分県別府市の滞在予定のホテルに電報を送り、通訳の手配を頼んでおいたにもかかわらず、到着してみると何の用意もされていなかった、と日記には書かれている。彼はしばし窮地に陥ったが、いつでもたくましく困難を切りぬけてゆく精神を発揮して、駅で英語をわずかに話す国鉄職員をつかまえ、この人物を通訳として同行させることに成功した。イングラムはこの国鉄職員と身振り手まねで会話しながら、やじきた道中で大分県の別府、耶馬溪、長崎県の雲仙、熊本県の阿蘇山などを旅したのである。九州の旅は観光が主たる目的だったと思われるが、珍しいアジサイやツツジの採取も忘れなかった。

イングラムは九州旅行の後、いったん東京へ戻り、五月二三日、横浜港から船に乗り込み、帰国の途につく。
五月二二日の日記には、日本滞在の最後の夜、鷹司信輔と林愛作ほか一名に、夕食に招かれたことがつづられている。芸者を呼んだ派手な晩餐だったようで、刺身や海藻料理などイングラムには馴染みの薄い「奇妙で不思議な食べ物」が次々に出された、と書かれている。
同席の三人は欧米で暮らした経験をもち、しゃれた洋服を身に着け英語も流暢。そのころの日本ではきわめて「西洋化された」日本人であり、イングラムはとてもリラックスした気分でいた。しかしその三人が食事の前に、互いにあの独特の長い長いあいさつを交わしたのである。

私は彼らが日本人であることを忘れかけていたので、全員がよつんばいになって、相互に何度も額を床にこすりつけるあいさつを交わしたときは、ちょっと衝撃を受けた。私は「ローマではローマ人のするようにせよ(郷に入っては郷に従え)」の原則に従うが、この東洋式のあいさつだけは世にも奇妙で、どうにもならない。(五月二二日)

出港の日は朝から雨だった。日本滞在の日記は次の言葉で締めくくられている。

午前中いっぱい、雨がひっきりなしに降り続けた。まるで離日を悲しみ、涙にくれる私の心を表すかのように……。(五月二三日)

「桜の会」

一九二六(大正一五)年四月二七日、東京の国民新聞社(東京新聞の前身)講堂で、「桜の会」の例会が開かれた。この会合に日本滞在中のイングラムが招かれた。

私は公の場で演説することが大嫌いなうえ、桜を国花とする国民に対して、外国人が桜について語るなどというのは僭越だとの思いがあったので、スピーチを遠慮したいと考えた。しかし、時すでに遅し。段取りはすべて整えられていたのだ。(5)

この日の日記によれば、スピーチは桜の会幹事で、帝国ホテルの前総支配人、林愛作のたっての依頼で実現した。林は「外国人から見た、日本の桜に対する率直な印象と意見を語ってほしい」とイングラムに伝えていた。

帝国ホテルの総支配人を務め,桜の会の発足に尽力した林愛作(『帝国ホテル社史』より)

スピーチの内容に入る前に、桜の会の発足の背景と、林が四年前まで総支配人を務め、会の事務局が置かれていた帝国ホテルについて少し述べたい。明治・大正時代、日本が近代化と国力強化への道をまっしぐらに走っていたさなかに、それをけん引していた当時の官民の有力指導者たちも桜がおろそかにされていることを認識し、なんとかしたいという気持ちを共有していたことがわかるからだ。

しかしその「よき意思」はやがて、第二次世界大戦に向かう軍国主義化の波にのまれ、桜はついに軍国主義を後押しする道具にされてしまうのだが……。

桜の会は、林愛作が音頭を取り、東京の為政者や財界人、学者、華族関係者らに呼びかけて一九一七(大正六)年に創立された会で、日本の桜を保護し、桜に関する知識を国民に広めることを目的としていた。

帝国ホテルは、明治期に欧化政策を強力に進めた第一次伊藤博文内閣の外相、井上馨(一八三五―一九一五)が、東京に鹿鳴館と密接な関係をもつホテルをつくろうと、有力実業家、渋沢栄一(一八四〇―一九三一)に設立を依頼して一八九〇(明治二三)年に開業した。江戸末期に幕臣だった渋沢は明治維新後、大蔵官僚から実業家に転身して、日本初の銀行である第一国立銀行や東京証券取引所ほか、多数の企業の設立・経営に関わり、新生日本の経済界を支える指導者であった。

帝国ホテルは当初、ドイツ人やスイス人の総支配人が経営にあたったがうまくいかず、一九〇九(明治四二)年には開業以来最大の経営難に陥った。そこで経営立て直しのために初の日本人総支配人を迎えることが決められ、当時ニューヨークの日本古美術商会で敏腕をふるっていた林愛作に、渋沢の白羽の矢が立った。(6)

林は一九〇九年に帝国ホテルの総支配人に就任後、アメリカで知り合った建築家、フランク・ロイド・ライト(一八六七―一九五九)に依頼して新館(ライト館)の建設にかかるが、結局大幅な予算オーバーの責任を取って一九二二(大正一一)年に総支配人を辞任することになる。

林は総支配人時代に多くの欧米人と接触していたが、当時はジャポニズムが欧米で最盛期を迎えており、彼らから必ず桜のことを聞かれていた。質問にうまく答えられずに困惑した林が、親しくしていた東京市公園課技師の井下清《いのしたきよし》（一八八四―一九七三）に相談し、桜について勉強する会をつくろうということになったのが、桜の会発足のきっかけとなった。

井下は後に東京市公園課長を長く務め、関東大震災後の復興事業にあたった人物である。ちなみにイングラムを小金井堤に案内した相川要一は、井下の部下として桜の管理にあたった技師である。ちょうど国内では明治後期に日米友好の証として日本の桜が東京市からワシントンに贈られ、ポトマック河畔に植樹されたことが話題となり、国民の桜への関心も高まっていた。

林と井下は渋沢栄一に会発足の話をもちかけ、渋沢はただちに賛意を表し、会発足のための資金調達を引き受けた。話は渋沢から、総合商社三井物産の初代社長を務めた益田孝（一八四八―一九三八）や、渋沢とともに帝国ホテルの設立にかかわった実業家の大倉喜八郎（一八三七―一九二八）、後の帝国生命保険会社社長朝吹常吉（一八七七―一九五五）、大蔵官僚として日清戦争や日露戦争の戦費調達にかかわり、その後大蔵大臣を務めた阪谷芳郎（一八六三―一九四一）らに伝わり、有力者がこぞって会の発足に賛同した。その動きが、消えゆく日本の桜を保存したいと願っていた舩津静作や東京帝大教授の三好学らの思いとかみ合い、とんとん拍子に桜の会が発足する運びになったのである。会長には渋沢栄一が就任し、役員に三好や舩津、林、井下らが名を連ねた。会の事務局は林の希望で帝国ホテル内に置かれることになった。

一九一七（大正六）年四月二三日、まだ建設途中の帝国ホテル新館「ライト館」の大広間で、約二〇

訪日中のイングラムを紹介した国民新聞の記事(1926年，イングラム家提供)

〇人が集って華々しく初会合が持たれた。会場には、四三品種の桜の枝が花瓶に生けられて展示され、桜の標本や書籍も陳列された(7)。これ以降、毎年四月に例会が持たれ、翌年からは会報「桜」も年一回、発行された。財界人のバックアップがあったとはいえ、会の実際の運営は三好や、文学者で牧師の戸川安宅《とがわやすいえ》(一八五五—一九二四)らが柱となって行なった。しかし、しだいに活動は先細りし、第二次大戦中の一九四三(昭和一八)年ごろに自然消滅する。

一九二六(大正一五)年の会合の際、イングラムの日記によれば、会場には初回会合同様に〝渦桜《ウズザクラ》〟〝松月《ショウゲツ》〟など多数の桜が、写真や絵画とともに展示されたほか、〝関山〟や〝御車返《ミクルマガエシ》〟などの盆栽も陳列されていた。

事前にイングラムが演説することが新聞で報道されたため、会合には約一五〇人が集まり、内容は注目されていた。四月二七日付のイングラムの日記には、「私がスピーチすることを聞きこみ、この何日かのあいだに新聞記者やカメラマンが何人も取材に来た」とある。

イングラムはそのうちの一紙、国民新聞の記事を残している。記事は「桜の愛護に日本人は冷淡 日本のさくら行脚に米国から小鳥の博士来る」との見出しで、「帝国ホテルで桜を賞ずるイングラム博士」とのキャプションのついた写真も掲載されている。「米国人の博士」との記述は明らかに間違いである。記事は「日本人は桜をもっと愛護してほしい」とイングラムの願いを伝えている。

イングラムの警告

会合ではまず、三好学があいさつに立った。

今日の会には英国から桜を研究にお出でになりましたコリングウッド・イングラム君が講演をなさることを御承諾下さいました。(中略)英国では桜はあまり流行して居ませぬ。バラの如きは多くの人に観賞されて居ますが、桜にはあまり趣味がない。斯う云う所に於て同君は日本の桜を多数集められて庭園に培養し、之を愛護して且又態々《わざわざ》日本に研究に来られましたことは、私は海外に日本の桜の愛護者を得たと云う点に就て意を強くするのであります。(8)

続いて鷹司信輔がイングラムを紹介した。

そしていよいよ、イングラムが登場する。通訳は林が務めた。イングラムは、「スピーチを何度も固辞したが、どうしてもということだったので、率直な感想を述べることにした」と前置きしたうえで、いきなり「日本の公園などに植樹されている桜の大きさや質を見ると、多くが生育不良であり、病気もまん延していて、失望の念を禁じえないということを申し上げたい」と言った。そして、「日本の桜はなぜ、母国よりもイギリスでより健康な樹として育つのであろうか……？」と続け、考えられる原因が三つある、と述べた。

ひとつは日本では桜を接木する際に台木として、短命で質の悪いマザクラを使っていること、次に、桜を植樹するときに若木ではなく、すでに成長した樹を使用していること、そして最後に、同じ場所に何代にもわたって桜を植樹していることがあげられる。

当時日本の都市で見られた桜があまり健康でなかったことは、三好もイングラムに先立つあいさつの中で「日本にある桜はまことに樹がいたみ、哀れな状態になっているものが多いことであります。(略)日本から亜米利加に送った桜はワシントン・ポトマックの公園に植えられていて、手入れがよく、常に虫を取って廻って樹を保護する結果、日本で観るより一層立派に成木して居ます。本元の日本では却って樹が痛んで、外国にもっていった桜のほうが、本国よりも発生がよく立派になって居ると云う転倒した状態であります」と述べて、認めている。

近代化を急いでいたそのころの日本では、桜の手入れにまでは十分に手が回っていなかったのではなかろうか。とりわけ一九二六(大正一五)年当時は、三年前の関東大震災後の復興事業の最中で、東京周辺の景観づくりが急がれていた。後に見るように当時、〝染井吉野〟が次々に植樹されていたが、景観づくりを急ぐあまり、健康な若木ではなく、すでに見栄えのする成木を利用していたことが考えられる。また、桜には「忌地《いやち》現象」があり、同じ場所に何世代も植えると樹勢が衰えるため、それを避けることは今では常識だが、当時はともかく景観が優先され、そんなことは言っていられなかったのかもしれない。いずれにしても、イングラムはこのような感想を述べたのである。

そして、イングラムは重大な警告を発する。

最後に私は、一般にはあまり人気のない多品種の桜について、ひとこと申し上げたい。日本が西洋民族の喧噪に侵され、美的感覚を失うはるか前の時代に、あなた方日本人は細心の注意と骨身を惜しまぬ努力によって、驚くべき数の桜の品種を開発しました。ところが近年は、これら多品種の桜を改良しようという努力がいっさいなされていないばかりか、多くは深刻な絶滅の危機にあります。桜の会の方々の心を打つ愛護精神をもって、熱心に桜を保護していこうとするわずかな人々がいなかったならば、あなた方の祖先があれほど手厚い愛情をもってつくり上げた桜のほとんどは、五〇年後には永久に失われてしまうと申し上げても、過言ではないでしょう。

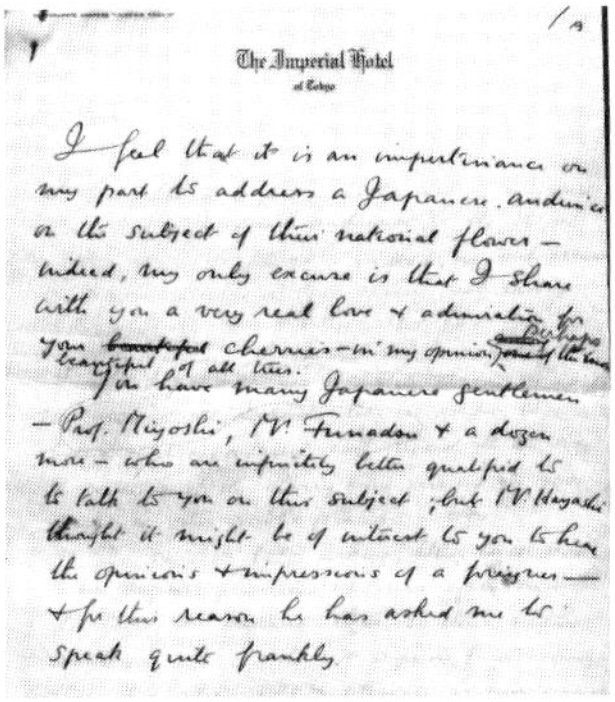
The Imperial Hotel
of Tokyo

I feel that it is an impertinance on my part to address a Japanese audience on the subject of their national flower — indeed, my only excuse is that I share with you a very real love & admiration for your ~~beautiful~~ cherries — in my opinion, perhaps the most beautiful of all trees.
You have many Japanese gentlemen — Prof. Miyoshi, Mr Funada & a dozen more — who are infinitely better qualified to talk to you on this subject; but Mr Hayashi thought it might be of interest to you to hear the opinions & impressions of a foreigner — & for this reason he has asked me to speak quite frankly.

イングラムが帝国ホテルの便せんに書いたスピーチ原稿(イングラム家提供)

会場がしーんと静まり返ったなか、イングラムは続けた。

イギリスの私の庭園には、私が日本では見かけなかった少なくとも二品種の美しい桜があります。これらを日本の土にお返しすることができれば、私の最も誇らしい業績になると同時に、私の庭が美しい日本の桜を植えて生まれたことに対する恩返しができようというものです。私はできる限りの品種を収集したいのです。そのために日本の友人たちからいただいている惜しみないご支援に対し、心よりお礼を申し上げたいと思います。

イングラムが日本に里帰りさせたいといった「少なくとも二品種の美しい桜」とは、後に述べる'太白《タイハク》'と'大黒《ダイコク》'である。

イングラムはこのスピーチの下書きを帝国ホテルの自分の部屋で書いたらしく、ホテルの名前入りの便箋に書かれた原稿が今も残っている。

（1）雑誌「桜」昭和版第一巻、有明書房、一九八一年収録の「桜の会」会報「桜」第九号(昭和二年春季号)。
（2）Ingram, Collingwood, "The cult of flowering cherry in Japan," The Garden Chronicle, November 20,1926.
（3）Ingram, Collingwood, "Notes on Japanese Cherries—II," RHS Journal, Vol.54, 1929 より。
（4）Kuitert, Wybe, *Japanese Flowering Cherries*, Timber Press, 1999, p.217
（5）前掲 "Notes on Japanese Cherries—II," RHS Journal, Vol.54, 1929 より。
（6）公益財団法人渋沢栄一記念財団情報資源センターブログより。
http://d.hatena.ne.jp/tobira/20140422/1398132910
（7）山田孝雄『櫻史』講談社学術文庫、一九九六年、四三五ページ。
（8）前掲「桜の会」会報「桜」第九号。

第三章

「チェリー・イングラム」の誕生

日本から穂木が届く

イングラムが桜行脚からイギリスに戻った一九二六（大正一五／昭和元）年の冬、日本各地で依頼したたくさんの桜の穂木が、ケント州のザ・グレンジに到着した。

横浜植木商会、京都の勧修寺恒雄、小金井街道の植木屋「イソムラ」、山梨県上吉田の「片足の元兵士」……。みな、イングラムとの約束を守り、冬が来て桜が休眠したころを見計らって穂木を伐り、水分が切れないように水を含んだ苔を切り口に付着させるなど工夫して梱包し、船で送ってくれた。

イングラムはこのほか、帰英後に桜の名士、船津静作に連絡をとり、荒川堤の桜の穂木を送ってほしいと頼んでいた。船津の残した桜に関するメモや資料を保管している「江北村の歴史を伝える会」によれば、この年の一一月の船津のメモの中に「イギリスのイングラム氏から穂木送付の依頼があっ

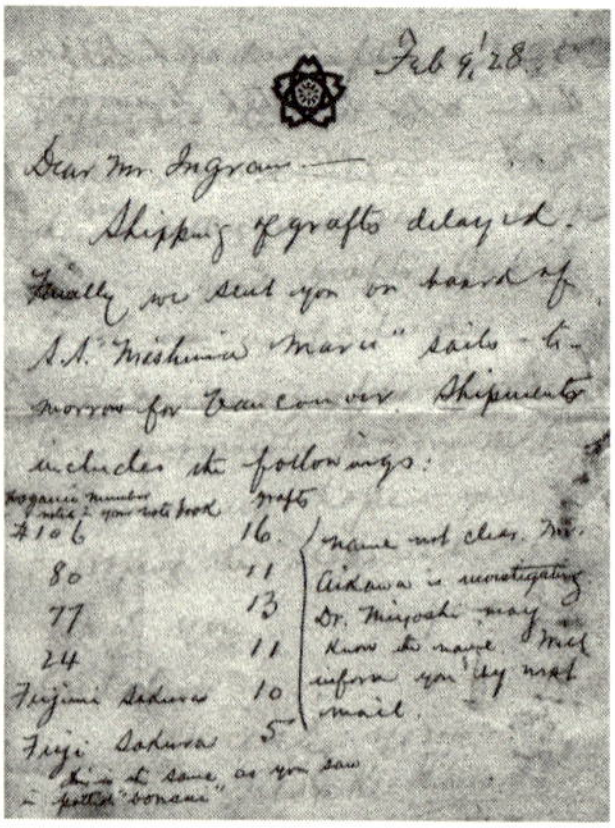
Feb 9, '28

Dear Mr. Ingram—

Shipping of grafts delayed.
Finally we sent you on board of S.S. "Mishima Maru" sails to-morrow for Vancouver. Shipments includes the followings:

Japanese number in your note book	grafts	
#106	16	name not clear. Mr. Aikawa is investigating. Dr. Miyoshi may know the name. Will inform you by next mail.
80	11	
77	13	
24	11	
Fujimi Sakura	10	
Fuji Sakura	5	

林愛作からイングラムへの手紙(1928年2月9日，イングラム家提供)

た」との記述がある。希望した品種は、〝一葉《イチヨウ》〟〝駒《コマ》繋《ツナギ》〟〝便《ベン》(弁)殿《ドノ》〟〝白雪〟〝福禄寿《フクロクジュ》〟〝手毬〟〝松月〟だった。

　これらの穂木は、「桜の会」が翌一九二七(昭和二)年三月上旬、イングラムに送付している。[1] 計七種三〇本だった。こうして荒川堤の桜の一部は、イギリスに渡ったのである。

　これとは別に、桜の会の林愛作からも、イングラムに穂木が届いている。林による翌二八年二月九日付のイングラム宛の手紙が残っている。その中で林は「(穂木の)送付が遅れたが、ようやく準備が整った」[2]として、小金井街道の四種類のヤマザクラの穂木五一本と、「フジミザクラ」「フジザクラ(マメザクラのこと)」の穂木一五本の計六六本を梱包したと書いている。

　穂木を採取したのは、訪日時にイングラムを小金井に案内した東京市役所公園課技師の相川要一。相川は厳冬の日にわざわざ現場に出かけ、良質の枝を選りすぐって採取したのである。

　　穂木をあす、日本郵船の「三島丸」に乗せて、バンクーバー経由でイギリスへ送る。

林の手紙はこう伝えた。

「三島丸」は当時、日本郵船自慢の欧州への豪華客船であった。三島丸はデビュー後、日本人コックが欧州航路の船上で考案したという「ドライカレー」が人気を呼び、いまでは定番の「カレーと福神漬け」の組み合わせも船上で生まれたという。(3)

イギリスに向かった桜の穂木は、近代国家黎明期の日本を象徴する豪華客船に乗り、大切に輸送されたのだ。

とはいえ、桜は生き物。多数送られた穂木のなかには、一か月以上の船旅に堪えられず、枯れてしまったものもある。仙台の〝枝垂桜〟がその例である。

イングラムは仙台で、枝垂桜の名所、榴岡《つつじがおか》公園を訪ね、深い紅色の八重桜〝八重紅枝垂《ヤエベニシダレ》〟に見惚れ、穂木の送付を依頼していた。穂木はその冬、ザ・グレンジに到着したが、梱包をあけるとすべて枯れていた。

日本で見た枝垂桜のなかでいちばん美しい種類だった。枝垂桜のか細い枝は、長旅を持ちこたえることができなかったようだ。(王立園芸協会[RHS]紀要、一九二九年)

いかにも残念そうである。

この時期イングラムは、桜の収集をはじめたころにコネをつけたアメリカの植木商や樹木園から引き続き新しい穂木を入手し、ひんぱんに情報交換している。

カリフォルニアのウォルター・B・クラーク、ニューヨークのクラランス・マッケンジーとの書簡が多数、残っている。書簡を読むと、初めは桜の購入を依頼するイングラムからのものが多いが、その後はむしろ、先方から桜に関するイングラムの意見を訊く内容の手紙が多く来ていたことがわかる。桜の専門家としてイングラムが実績を積み、地位を築いていった過程が見てとれる。

たとえば、マッケンジーは一九三〇年代後半、しばしばイングラムに手紙を書き、桜の品種について質問している。一九三八年一〇月三一日付の手紙では、イングラムのていねいな説明に対し謝辞を述べ、「あなたが持っている品種のうち、アメリカで入手困難なものは穂木を送るとの申し出に対し、心より感謝する」と書かれている。

イングラムはアメリカの桜関係者に対し、自分の桜に関する知識を伝えるだけでなく、ザ・グレンジの桜の穂木や種を採取して、無償で贈っていたのである。

生前のイングラムを知る人々はみな、イングラムが常に気前よく自分の庭の植物を他人に分け与えていたことを指摘したが、彼は海外の植木商にまで桜の穂木を分け与えていた。そのような惜しみない姿勢が、日本の桜を世界に広めることに貢献したといえる。

イングラムの残した書簡の中には、ワシントンの米政府農業省の植物担当者、ポール・ラッセルとの書簡もある。農業省はポトマック河畔の日本の桜の植樹にかかわった経緯から桜の研究を行っていたらしく、ラッセルは一九三一年一月二八日付の手紙で、「調査のために〝白普賢〟〝アサノ〟〝奥都《オクミヤコ》〟の穂木を送付してほしい」とイングラムに依頼している。

また、イギリスの植民地だったブリティッシュ・コロンビア(現カナダ)の首都、ビクトリア市の公園課が一九三八年一二月一三日付でイングラムに送った書簡は、「市内の歩行者用道路に桜など花の咲く樹を植えたいが、どの品種が適しているか」とイングラムに問い合わせている。

イングラム氏は、現在世界の最も偉大な桜の権威のひとりである。

北東部、ノリッジにあるイギリス最古の植木会社のひとつ、「ノットカッツ・ナーサリー」の経営者、R・C・ノットカットは、一九三五年に書いた雑誌の記事でイングラムをこう表現している。(4) 記事には、「イングラム氏は日本の桜がイギリスでいちばんよく育つにはどうしたらいいかをいろいろ実験した」とあり、そのひとつが、桜の穂木を接木する際に、台木としてイギリス原産の野生の桜「セイヨウミザクラ」(果樹)を使用することであった、と書かれている。

彼は日本で接木された桜と、セイヨウミザクラに自分で接木した桜を並べて植え、自身で接いだ樹のほうがはるかに大きく丈夫に育つことを確かめた。

原産の樹を使用することで、日本の桜はイギリスの気候風土によりよく適応したのである。桜の増殖にセイヨウミザクラを使用する慣習が、こうしてイギリスじゅうの植木屋に広まった。

イングラムは桜園の新しい桜が花をつけるとそれを詳細に観察し、スケッチして花のつき方や色、形を記録し、品種名を確定していった。第一章でも述べたが、当時桜の品種名は相当混乱していたため、名前の確定は容易ではなかった。

一九二九年、イングラムは「桜辞典」の第二弾“Notes on Japanese Cherries —Ⅱ”(「日本のサクラに関する覚書—Ⅱ」)を王立園芸協会の紀要(RHS Journal)に発表する。

桜園の桜はすでに訪日前に一〇〇種類を超え、数はその後も増え続けていたが、第二弾ではその時点で確定できていた五九種が取り上げられている。その中には、桜行脚で発見した〝アサノ〟や、日本から持ち帰って初めてイギリスに導入した〝妹背《イモセ》〟〝手弱女《タオヤメ》〟なども含まれている。

「私の庭園にはこのほかにもたくさんの桜があるが、まだ花をつけていないので名前が特定できていない」と断っている。第二弾「桜辞典」は、桜行脚のようすや体験談を豊富に交え、生き生きとした内容になった。

イングラムはこの論文で、栽培品種の桜の多くが日本で絶滅の危機に瀕していることに警鐘を鳴らし、導入部で、ある日本の外交官が語ったという次のような伝聞を紹介している。

この外交官いわく、「われわれ日本人が文化や芸術の発展に力を入れていた時代、西洋からは〝野蛮人〟だと言われた。ところが国力をつけて他国の人民を殺傷する軍事力をも身につけた今、日本は〝文明化した〟と評されるようになった」。

そして、「私はこの外交官の言う〝野蛮な時代〟を懐かしむ。そのころ、この東洋の国には並外れた芸術・園芸文化があり、日本人はすばらしく多様な桜を作り上げた。しかし今は芸術文化に代わって、商業主義と軍事至上主義がはびこっている」と述べる。さらに「多くの桜が絶滅の危機にある。

しかし幸いなことに、私の庭ではすでに日本で絶滅した品種も残っている」と書き、ザ・グレンジの桜園が日本の生んだ貴重な桜の保存に貢献していることを誇っている。

新種の創作

ザ・グレンジの桜園では、ときおり新種の桜が出現した。

イングラムは穂木だけでなく、方々から桜の種子を入手していたが、この種子から育てた桜が思いがけず、それまでにはない種類の桜に育ったのである。種子の双方の親がたまたま異なる品種であったため、自然交配して新しい桜の種ができていたのだ。

桜には同じ樹のおしべとめしべのあいだでは受粉できない性質(自家不和合性)があるため、別の樹の花粉をもらわないと種子ができない。受粉したのがちがった品種のものだと、新種の種子ができる。桜園にこのような新しい桜が現れたとき、イングラムは花の色や形などを見て、親がどの桜であるかを推測するのが楽しみだった。

新しい桜は、父親と母親の樹のちょうど中間的な特徴を示すことが多いので、親を特定するのは簡単だ。(5)

桜園では「マメザクラとオオシマザクラの交配種」など、六種類の新種が特定された、という。

そうこうするうちに、桜園の中でも、ちがった品種の桜が互いに自然交配して新種をつくった。四月のある日、桜園で雪のように白く大きな花をつけた樹があり、やがて花は樹冠いっぱいに広がった。特徴から、大型の白い花をつけるオオシマザクラと小柄なマメザクラが交配して生まれたことは明らかであった。それほど背丈の高くない樹の上で多数のカモメが舞っているような印象をもち、イングラムはこれを日本語で〝ウミネコ〟と名づけた(口絵参照)。

ウミネコは現在でも、街路樹としてイギリス各地で植樹されているほか、王立園芸協会の庭園やキュー植物園などにも広く採用されている。

「桜はこんなに簡単に自然交配する」――。桜園でウミネコが誕生したようすを見て、イングラムは、今度は自分の手で交配してみようと思いついた。イングラムの「桜熱」はついに、新種創作という段階にまで到達した。

しかし、人工交配は失敗に終わることがほとんどで、ギャンブルのようなものだった。二種類の桜を交配した後、できた種を摘んで土にまき、樹が成長して花をつけるのを数年、待つ。ようやく花が開いても、ほとんどの場合、思い描いた魅力的な花にはならなかったため、がっかりすることが多い。「何年も辛抱して待ちに待ったあげく、花が開いたその日に失望する」ことの連続であった。

イングラムの考案した人工交配の手法は、精緻をきわめた。まず、母親となる樹を鉢植えで育て、他の桜の花粉がつかないように鉢を温室に入れる。樹に花がつくと、全開する前に目当ての花をいくつか選び、先の細くとがった刺繡用のハサミを使っておしべの先端の葯《やく》(花粉の入った袋状のもの)をすべて切り落とす。同時に、交配しない残りの花は全部切って捨てる。この状態でめしべが受粉可能な状態になったときを見計らって、父親の樹からとった花粉を受粉させる。この際、花粉の取り扱いには細心の注意がいる。桜は品種によって開花時期がちがうので、先に花をつけた桜の花粉を後から開花する桜のめしべに交配するためには、採取した花粉を一定期間、保存しておかなければならない。

イングラムが狙っていたのは、二月に咲くカンヒザクラと四月にならないと咲かないマメザクラ（富士桜）を交配させることであった。日本では沖縄など温暖地に咲く目の覚めるような紅色のカンヒザクラと、富士山周辺に多く見られる可愛らしいが丈夫なマメザクラを交配して、頑丈で美しい桜を創ろうと考えたのだ。

温かい環境が必要なカンヒザクラは当時、イングラムの桜園にはなかったため、王立キュー植物園の温室にあった樹から花粉をもらうことになった。二月後半に植物園でカンヒザクラの花粉を採取し、空《から》の魔法瓶に入れて保存した。瓶の中は一定温度で完全に乾燥状態が維持され、花粉は生殖能力を八、九週間、保った。そして四月、マメザクラの準備が整うと、魔法瓶から花粉を取り出し交配させたのである。

こうして生まれたのが、〝オカメ〟である。オカメは、ちょうどカンヒザクラとマメザクラの開花時期の中間にあたる三月なかば、星が降るように無数の花をつけた。個々の花はマメザクラの花のようにうつむき小さく可憐で、色はカンヒザクラの紅が混ざって桃色。外側から花びらを支える萼片は鮮やかな紅色をしていた。低木で華奢な印象だがじつは丈夫で、しかも上品な気品をたたえるみごとな桜であった（口絵参照）。

オカメの静かで上品な美しさは、〝関山〟のような派手な桜を好む人には向かないかもしれないが、エレガントで飾らず、控えめな美しさのわかる人にはうってつけの桜だ。

イングラムは後にこう書いている。(6)

オカメは小柄なため一般人の家庭の庭にも向いており、今日に至るまでイギリスではとても人気のある桜である。日本にも導入されている。

もうひとつ、イングラムが人工交配に成功し、人気を得た桜は〝クルサル〟である。これは、千島列島に分布するチシマザクラ(千島桜)とカンヒザクラを掛け合わせて創られた(口絵参照)。

クルサルの花は、清純な少女を思わせる白い可憐なチシマザクラの花びらに、カンヒザクラの筒状で艶やかな紅色の花の魂が乗り移ったという風情で、独特の色っぽさをもつ秀作である。日本列島北端の桜と南端の桜が自然交配する可能性はゼロに等しく、イングラムの手によって独創的な桜が創出された。クルサルも後に日本に導入されている。

こうしてザ・グレンジの桜園では毎春、新しい品種の花が咲き、多彩な桜が次から次へと美しい花を開いた。品種のちがう桜は開花時期が少しずつずれ、三月中旬にオカメが真っ先に花を開くと、チョウジザクラ(丁字桜)、マメザクラと野生種が続き、栽培品種の多くが開花する四月のピーク時を経て八重の各種桜が咲く。〝菊桜〟は五月なかごろに満開となり、遅咲きの〝松月〟や〝普賢象〟は五月末ごろまで咲くなど、花の時期は長く続いた。また、それぞれ花の色や形もちがい、個性豊かで華やかな桜の競演が繰り広げられた。秋には花を終えた樹が美しく紅葉し、紅葉が終わると今度は晩秋から冬に花をつける〝十月桜〟が開花して、冬枯れの桜園に彩を添えた。

地元のケント州ベネンドンでは、イングラムの桜の園は有名になり、いつしか住民たちはイングラムを「チェリー・イングラム（桜のイングラム）」と呼ぶようになった。

ベネンドンの「桜の園」

「桜の時期は、ほれぼれするほどすばらしい光景でした。まるでおとぎの国のようでした」

パトリシア・ソバン（八九）はこう、振り返る。彼女はベネンドンで育って成人し、現在も村で暮らす。父親のヒューがイングラムと親しかったため、イングラム一家とは家族ぐるみのつき合いがあった。

ザ・グレンジの桜園．カーブを活かしている点が特徴（1940 年代なかばごろ，イングラム家提供）

「ザ・グレンジの門をくぐると、桜の美しさにいつもホーッとため息をつきました。妖精にいざなわれるような感じでした」

父親のヒューは金融機関経営者として成功し、裕福であった。一家は一九三五年にベネンドンで棟続きの旧農家数件と農地を買い上げ、立派な屋敷に改造して移り住んだ。ヒューは本業のかたわらガーデニングを趣味とし、車で数分離れたところに住んでいたイングラムとはすぐに親しくなり、互いに行き来して植物の種や樹木の穂木を交換する仲になった。ひとり娘のソバンは両親と一緒にザ・グレンジをよく訪ね、九歳年上のイングラムの末娘、サーシアとも交友関係があった。

パトリシア・ソバン(2014年10月3日，著者撮影)

「キャプテン・イングラム(と彼女は呼んだ)は人の好き嫌いがはっきりしていてね、あまりものを知らない人には寛大ではなかったけれど、花や樹の好きな人には本当に親切で、よく自分の庭から分け与えていましたよ」

独身を通したソバンは九〇歳を目前にした現在もかくしゃくとしており、屋敷でひとり暮らしを続ける。二〇一四年一〇月、取材のため彼女を自宅に訪れたとき、広大な庭園に立派な関山が植樹されていた。五、六〇年前のある日、イングラムがザ・グレンジの庭で関山の若木を根がついたまま燃やそうとしているのを目撃し、母親と一緒にそれをもらってきて庭に植えたのだという。

「キャプテンは派手な関山がきらいでね。命拾いしたあの若木はうちであんなに大きく成長しましたよ」

ソバンは窓越しに関山の大木を指さしながら、当時を思い出して愉快そうに笑った。

ベネンドンでは第一次世界大戦後、村のパトロンだったロザミア子爵が莫大な資産を分割して売りに出すと(第一章参照)、ロンドンからそう遠くない利便さと緑の多い自然環境にひかれて、多数の金持ち階級が住宅や土地を購入して村に流入した。鉄道のほかに乗用車や電話が普及しはじめ、ロンドンや他の地域にビジネスの本拠を持つ人々がベネンドンに住居を移したり、別荘を持つことが可能になっていた。イングラムはそうした新参者の一人であり、ソバン一家もやや遅れて、村に移住してきた。

また、第一次大戦から帰還した大佐級の元軍人が大勢ベネンドンに移住し、住宅の建設ラッシュが起きた。大戦まで一人のパトロンの下でほとんどすべての住民が農民だったベネンドンは、大きな社会構造の変化を体験していた。

その一方、大戦後の農業不況によって地元農民たちは職を失い、一部は新しい富裕層の家庭に庭師や運転手として雇われ、女性では家政婦になる人もいた。やがて村に総合病院や全寮制の私立女子校ができて、新しい職が創出される。

しかし、英国国教会の教会を中心に構成されていた旧来の農村の教会区(parish)はそのまま行政区として引き継がれ、ベネンドンではよそから来た新参の住民が加わって、新たなコミュニティが構成されていった。

新しいコミュニティの核も、やはり教会であった。住民たちは日曜日の礼拝をはじめ、教会の婦人会や青年会主催の会合や催し物に参加して交流した。村の中心にそびえる教区教会「聖ジョージ教会」の前には「ベネンドン・グリーン」と呼ばれる広い三角

1930年代のベネンドン(*Benenden A Pictorial History* CD版より)

形の芝生の空き地が広がり、教会と三角地帯を囲むようにして住宅が並び、小学校もある。

ベネンドン・グリーンでは教会の慈善バザーなどが開かれたほか、夏の夕方、クリケットの試合が行われるなど住民の憩いの場ともなり、大戦後の平和な住民の生活風景が見られた(7)。

ザ・グレンジは庭園の南端が教会の敷地と隣接しており、コミュニティの中心部に位置していた。庭園を通りぬけて裏門を出るとそこはもう教会。イングラムの四人の子どもたちはイギリスの富裕層の慣習にならい、八歳から全寮制の学校に入ったため普段は不在だったが、休暇で家に戻っているあいだは、妻のフローレンスが子どもたちを連れて、毎週日曜日に庭園から教会に通った。

イングラムの一日は、朝六時に起きてまず外に出、桜園や庭園の花を見て回ることからはじまった。

「ていねいに桜の一本、一本を見て回っていましたね。彼はいつも土仕事のできるジャケットにズボン姿。必ずポケットにシャベルと園芸用のハサミを入れてね」

ザ・グレンジ敷地内のコテージに住むルース・トルハースト(八九)は、私のインタビューに答えて、こう語った。

「奥さんのフローレンスはいつもしゃれた洋服を着て身ぎれいにしていたけれど、彼は身なりはまったく気にせず、髪の毛だってボサボサ。庭仕事さえできれば、後は何もお構いなしだったのよ!」

彼女はこう言って、キャラキャラと笑った。

イングラムが服装に興味を示さなかったことは、孫娘のヘザー・バワーも証言している。ヘザーは、自分の結婚式に祖父が庭仕事用のジャケットをはおって現れたので仰天した、と教えてくれた。

ルース・トルハーストの父親、アルバート・スタナードはイングラム一家がウェストゲイトに住んでいたころから、馬の世話をするなど一家に仕えていた。スタナードも第一次世界大戦に行き、帰還した。イングラムがザ・グレンジと広大な農地を購入した際、スタナードは敷地内のコテージを与えられ、農場の世話係となった。乳牛を飼い、新鮮なミルクやクリームを作ってイングラムに届けた。また、スタナードは機械に強かったので、イングラムの車の修理などもした。トルハーストは一九二六年にこのコテージで生まれ、イングラム一家のかたわらで成長したのである。結婚して家庭を持ち、一時期別の場所に住んでいたが、母親が亡くなって父親がひとりになったため、自分の三人の子どもが巣立った後、夫とともにコテージに舞い戻った。今では父も夫も亡くなってひとり暮らしだが、少女時代にイングラムから花や樹の世話の仕方を教わってガーデニングが好きになったといい、歳をとってからも小さな庭にゼラニウムやダリアを植えて楽しんでいる。

彼女は庭に出ていた生前のイングラムとはいつでも気軽に話をしたが、彼が温室にいるときだけは話しかけるのをためらったという。

ルース・トルハースト(2014年10月3日，著者撮影)

「温室の中でひざまずいてね、ハサミを手にして真面目な顔で何かしている。きっと桜の交配をしていたんでしょう。ものすごく集中していて緊迫した雰囲気でしたから」

イングラムはザ・グレンジの最上階の書斎に長時間こもることも多かったという。

「書斎にはあらゆる本があってね、いつも床に本や資料が散らばっていましたよ」

イングラムは鳥や桜に関する本、旅行記など、生涯に計六冊の著書を出版し(最晩年に自費出版した本も含めると七冊)、雑誌にも無数の記事を執筆したが、これらはすべてこの書斎で生まれたのである。自分の好きなことに熱中し、他事を忘れて集中するイングラムだったが、丹精をこめて育てた樹や人工交配した桜が初めて花を咲かせると、精いっぱい他人と喜びを共有しようとした。

「コテージのドアをドンドンとたたいてね、大声で「新しい桜が咲いたからすぐ見にきてくれ!」と叫ぶんです。私は家事をほったらかして飛んでいきましたよ」

花の観賞を「強いられた」のはトルハーストだけではなかった。後年、年老いたイングラムに代ってザ・グレンジの桜を増殖したベネンドン在住の植木職人、ピーター・ケレット(七八)もそのひとり。「桜が咲いたから見にこい」との電話連絡を受けると、ケレットは商売用のバンに飛び乗って、約一五分離れたザ・グレンジにかけつけたという。

桜を広める

イングラムは、庭園の桜の美しさを人に知らせ、観賞の楽しみを分かち合うことを最高の喜びとしていたようだ。彼は桜園を定期的に外部の人に開放していた。

そのころのイギリス社会では、国民のあいだに起きていたガーデニング熱を利用して、「ナショナル・ガーデンズ・スキーム」という事業が行われていた。これは個人の自慢の庭園を一般に開放し、少額の入場料をとって得た収益を看護婦の養成費用にあてるという、いわば慈善事業だったが、イングラムは早い時期から参画していた。

事業は、リバプールの政治家兼事業家で、篤志家でもあったウィリアム・ラスボーン(一八一九―一九〇二)が、まだ医療制度の整わない一九世紀なかばに、看護婦を養成して貧困地区に派遣したことが発端ではじまった。ラスボーンの活動が全国に広まり、ボランティアによる統括組織ができて、事業の費用調達のために一九二六年、庭園開放のスキームがはじめられたのである。運動にはフローレンス・ナイチンゲールやヴィクトリア女王も賛同し、支援していた。

イングラム邸の桜園が開放されると、まだ珍しかった日本の桜を見るために、大勢の人がザ・グレンジを訪れ、なかにはかなり遠方から「花見」に来ていた人もいたという。

階級制度の根強いイギリスには、特権階級である上流階級や富裕層の人々が一般社会に富を還元する義務をもつという考え方(ノブレス・オブリージュ)が伝統的にあり、イングラムはこのほかにも、桜園を開放しては、収益をさまざまな慈善団体に寄付していた。

イングラムはまた、ときおり植木商を庭園に招いて交流する会も開いていた。イギリス中部、ウスター州の「フランク・マシューズ」は一九〇一年創設のイギリス最大手の植木卸会社で、全国のガーデン・センターに年間五〇万本の樹木を卸している。日本の桜を数多く流通させ、〝鬱金《ウコン》〟〝一葉〟〝天の川〟などのほか、〝ウミネコ〟〝アサノ〟〝太白〟などイングラムのかかわった品種も多くとり扱っている。

「私の父アンドリューは、会社を経営していた一九五〇年代にイングラムに招かれて、ザ・グレンジに行ったことがあります」

現在の第三代目経営者、ニック・ダン(六二)に二〇一五年四月、電話取材したところ、ダンはこう教えてくれた。父親のアンドリューは、共同経営していた兄弟と一緒にザ・グレンジで開かれた交流会に参加した。このとき他地域からの植木商も多数来ており、イングラムは桜園の桜の穂木を希望者に無償で与えていたという。

「彼には商売っ気はまったくなかったようですよ」

植木商たちは穂木を持ち帰って増殖し、販売したのである。

こうして、ザ・グレンジの桜園から多数の日本の桜がイギリスじゅうに広まっていった。'妹背'、'手弱女'、'九重桜《ココノエザクラ》'、チョウジザクラなど、イングラムが初めてイギリスに導入した品種は最終的に約五〇種類に及んだが、すべてザ・グレンジから普及した。

イングラムはまた、多くの桜を一九世紀初めに創設された王立園芸協会(RHS)のフラワーショー(花卉《かき》品評会)に出品し、優秀賞を一五回、受賞している(8)。RHSはイングラムが生きた時代、年間を通じて頻繁にフラワーショーを開いており、彼の創作したウミネコ、オカメ、クルサルはいずれも優秀賞を受賞した。ショーには全国から植木商が来ており、ここからもイングラムの桜が各地に広まった。

「チェリー・イングラム」の名前は広く知られるところとなり、イングラムは名実ともに「桜の権威」としての地位を確立した。

イングラムには、強力な園芸関係者や園芸好きの友人のネットワークがあった。このネットワークは彼が桜を収集しはじめたころにも力を発揮したが、生涯にわたって桜園の発展に貢献した。

そうしたネットワークのひとつに、一九二〇年に創立された「ガーデン・ソサエティ」というクラブがある。これは当時ロンドンで盛んだった数多くの「男性オンリー」の私的クラブのひとつで、メンバーは裕福なジェントルマンばかり。

私的クラブは一九世紀後半からできはじめ、一時はロンドンに四〇〇以上もあった。非常に閉ざされた排他的な集団であったため資料はほとんど残っていないが、旅行や科学、芸術など同じ興味をもつアマチュアの金持ちメンバーたちが高い会費を支払って、定期的に会員制のクラブ・ハウスや高級レストランで会合をもち、情報交換し合っていた。世界の中心地を誇ったヴィクトリア朝の大英帝国時代を象徴する、きらびやかな集まりであった。

ガーデン・ソサエティができたのは、エドワード七世の後を継いだジョージ五世(在位一九一〇―三六)の時代で、第一次世界大戦後間もないときだった。

第一章でも触れたが、大戦後のイギリスは国内外で大きな社会変動を経験した。国内では男子普通選挙権と三〇歳以上の婦人参政権が一九一八年に実現した。そして戦前から起きていた労働運動が再び盛り上がって労働党が躍進し、一九二三年には短期間ではあったが初の労働党政権が発足した。一方、植民地各国で民族独立運動が表面化して、大英帝国の衰退ははじまっていた。

とはいえ、金持ち階級はそのような変化のなかにあっても特権を維持し、イングラムも金持ちジェントルマンのクラブを十分に楽しんでいた。ガーデン・ソサエティのメンバーは四〇人に限られ(のちに五〇人に拡大)、みな自宅に広大な庭園をもち、花や樹についてかなりの知識をもっていた。ソサエティの名目上の後援者はエリザベス皇太后であった。

このころもまだ、世界の植物がイギリスに持ち込まれる時代は続いていた。ソサエティは年に二回、五月のチェルシー・フラワーショーの開催初日とRHSの会合がもたれる一一月に、ロンドンの高級レストランで夕食をともにしながら、新しくイギリスに導入された珍しい植物を持ち寄って情報交換し、実際に植物を交換し合った(9)。

ソサエティでイングラムは、当時名の知られた主な園芸関係者と知り合う。そのなかには、今日でも有名なウェールズのディフリー・ガーデンを造ったレジナルド・コリー(一八七一―一九三四)や、美しいイングリッシュ・ガーデンとして日本人観光客にも人気のある西部コッツウォルズのヒドコット・マナー・ガーデンをデザインしたロレンス・ジョンストン(一八七一―一九五八)がいる。

イングラムはこのソサエティを通じて他のメンバーに桜を広め、また彼らから自身の持たない植物を手に入れていた。

イングラムは、著名な女流作家、ヴィタ・サクヴィル゠ウェスト(一八九二―一九六二)とも親しかった。彼女は庭園造りに熱心で、ケント州の「シシングハースト・カースル・ガーデン」を造ったことでも知られるが、女性だったためにガーデン・ソサエティには入会できなかった。シシングハーストはイングラムの住んでいたベネンドンから車で一〇分ほどと近く、二人は互いに行き来し、植物を交換し合っていた。

イングラムと宗教について、少し触れておかねばならない。イングラムは地元ベネンドンで桜の名士として名が知られ、第二次世界大戦中には銃後を守るボランティア部隊「ホームガード(国防市民軍)」の地域指揮官を務めるなど、村で重要な地位を占めて、尊敬を集めた。しかし、キリスト教を基盤とした村のコミュニティで、彼は信念として宗教をもたず、教会にはいっさい行かなかった。イングラムは根っからのナチュラリストで、ダーウィンの進化論の信奉者だったのである。

西欧社会では、古代ローマ時代から、すべての生き物は神が創造したとするキリスト教の教えが浸透し、信じられていたが、近代になると科学者たちがそれに挑戦し、一九世紀なかばにダーウィンが進化論を唱えた。その際、宗教界から激しい反論が起きて、「神の創造か進化か」の論争は長く続いた。

イングラムは鳥類研究家のころから進化論を支持していた。後に上梓した *In Search of Birds*（『野鳥を探して』、一九六六年）の前書きの中で、「ダーウィンの自然選択と適者生存論を信じるならば、鳥類特有の行動様式や本能、身体的特徴にはすべて（進化の過程で）生存のためのなんらかの意味があったはずだ」と述べており、進化論支持の姿勢は明らかである。

一九五七年から七四年までベネンドンの教区教会、聖ジョージ教会の牧師を務めたジェソップ・プライス（一九〇四―七六）の息子、アントニー・プライス（七二）は、父親とイングラムがときおりキリスト教と進化論について議論していたことを覚えている。

「二人はとても親しく、家族ぐるみのつき合いもあったのですが、父がイングラムに日曜礼拝に来るように促すと、彼は逆に進化論を主張して、牧師の父を〝改宗〟させようとしたんですよ」

現在、イギリス南西部のコーンウォールに住むプライスは二〇一五年春、私の電話取材に対し、笑いながらこう語った。妥協を許さないイングラムの頑固な一面を示す、興味深いエピソードである。

プライスの母親アイリーン（一九〇二―九七）はプロの画家で、イングラムの桜にとても興味をもっていた。イングラムはそんな彼女を桜園に招いて、写生させたといい、アイリーンの残したザ・グレンジの桜園の油絵は今、プライスの自宅を飾っている。

アイリーン・プライスの描いたザ・グレンジの桜園の油絵（アントニー・プライス氏提供）

清楚な桜、淫靡な桜

このころ、イングラムは精力的に園芸雑誌などに桜に関する記事を寄稿した。祖父の創設した新聞『イラストレイテッド・ロンドン・ニューズ』にも、一九三四年四月二八日付で桜についての大きな記事が掲載されている。[10] 新聞は、一九〇〇年からイングラムの次兄ブルースが編集長の職につき、父ウィリアム亡き後は経営を引き継いでいた。

「桜の礼賛――日本人の忠誠心と愛国心の象徴」と題された記事は、見開き二ページ。イングラムが桜行脚の際に撮影した京都・丸山公園の〝枝垂桜〟や吉野山の桜、小金井街道の桜の風景などの写真を多数盛り込んでおり、目を引くレイアウトになっている。

「日本には一〇〇〇年以上前の奈良時代から桜の栽培品種があり、樹齢数百年に及ぶ桜が各地にある。主に江戸時代に、驚くべき数の栽培品種が開発された」と記事は述べ、吉野の花見のようすも紹介されている。

また、「桜は日本では単に観賞の対象であるだけではなく、古代から詩や絵画など芸術の題材となり、国民の忠誠心や愛国心の象徴でもある」と指摘。その具体例として、後醍醐天皇が一三三一年、鎌倉幕府を倒そうとして起こした政変「元弘の乱」に失敗して隠岐《おき》に流される途中、武将、児島高徳《こじまたかのり》が天皇の宿泊所に植樹されていた桜の幹に励ましの漢詩を記した、とする「太平記」の逸話を紹介している。

浅野長矩（第二章参照）といい児島高徳といい、イングラムは武士と桜にまつわる歴史上の物語を好んだようだ。イングラムの桜園には、純白の大輪八重の花をつける〝白妙《シロタエ》〟も植樹されていたが、彼は当初これを別品種と誤認し、児島高徳にちなんで〝コジマ〟と命名し、「桜辞典」第一弾ではこの名を使っていた。後に訂正して白妙と改めた。

また、一九三〇年ごろに園芸雑誌に掲載されたとみられる「日本の桜——西洋の庭園への最大の贈り物[11]」と題する記事では、イングラムは一般人向けに、どの品種の桜を推奨するかについて、こう書いている。

> 私はよく、どの桜がいちばん好きかと聞かれるが、それは母親に対していちばんお気に入りの子はだれかと聞くようなものだ。どの子もちがったすばらしい性質を持っており、ひとりだけを選ぶのは難しい。

イングラムは東京で桜の名士、船津静作に出会ったとき、船津が荒川堤の桜に「わが子を見つめる母親のようなまなざし」を向けていたと表したが、このころには自身も、手塩にかけて育てた桜の数々を自分の子どものように思っていた。

どれか一つを選ぶのは難しくても、記事では「樹の勢いや花の大きさ、つき方などの面で優劣をつけることは可能だ」として、五ページにわたってさまざまな「おすすめ品種」を記している。

最初にあげられているのは野生の桜だ。「ヤマザクラやオオヤマザクラ、エドヒガンなどの野生種には、静かな優美さと同時に自由闊達さがある」として、「ヤマザクラの田舎娘のような気取らない美しさがすばらしい」と書いている。これを書いたとき、京都で出会った「ミスター・ハマグチ」が「日本人はヤマザクラの素朴な美をいちばん愛する」と述べたことが念頭にあったのは明らかだ。

そして小金井街道のヤマザクラ並木の美しさに触れて、「イギリスでも野生種の桜を並木として植樹するのが望ましい」と記している。

栽培品種の中では、「樹の勢いがよく、花の大きな品種」として〝関山〟〝太白〟〝ホクサイ〟〝白普賢〟などをあげ、次に「観賞価値は高いが勢いは少し劣る品種」として〝手毬〟〝法輪寺〟〝奥都〟などを列挙、そして最後に「観賞価値は劣るが勢いのある品種」として〝染井吉野〟〝上匂《ジョウニオイ》〟などをあげている。

染井吉野は「花にはそれほど強い印象はない」と述べ、あまり高い評価を与えていない。

染井吉野は、イングラムが桜行脚に出かけた一九二六年当時、日本で盛んに植樹されていたが、注目されるのは、イングラムはこの記事の中で日本で見た桜の風景を振り返り、「京都と小金井ではヤマザクラ、東京では染井吉野、仙台周辺ではエドヒガンが主流だった」と述べていることだ。現代の日本で植樹されている桜は圧倒的に染井吉野だが、当時はまだ地方によって特色があったことを示している。

イングラムが推奨した桜は、一種類ではなく、多様な桜であった。まだ桜が普及していなかったことを考慮して、イングラムは記事の中で「桜は水はけのよい場所ならどんなところでも丈夫に育つから、植える場所についてあまり悩む必要はない」「桜は土中で浅く根をはるのが特徴なので、植樹の際あまり深く土を掘らないこと」などと、懇切ていねいにアドバイスを書いている。

この記事にも日光や京都、小金井で撮影した写真がふんだんに掲載されており、当時の読者が異国情緒たっぷりの日本の風景を思い浮かべながら、桜を自分の庭にも植えてみようかと考えたようすが浮かび上がる。

どの桜も愛したイングラムだが、パトリシア・ソバンが証言したように、紅色の八重咲きの〝関山〟だけは、どうしても好きになれなかったようだ。

関山は早い時期にイギリスに導入され、派手な花の姿と丈夫で育てやすい性質が人気を呼んで一般にはとても好まれていた。しかし、イングラムはひそかに関山の人気をにがにがしく思っていた。彼は素朴で清楚な桜を好み、関山は淫らな印象を与えると思っていたのである。

イングラムの関山嫌いは歳をとるにつれて激しくなったらしい。ベネンドンの植木商、ピーター・ケレットに二〇一四年秋、会いに行った際、彼はこんな話を聞かせてくれた。

一九七〇年ごろ、ベネンドンの私立女子校「ベネンドン・スクール」の校庭に関山が植樹されていた。この学校は、第一次世界大戦後の一九二三年、クランブルック伯爵やロザミア子爵の旧邸宅の一部を利用して、高水準の女子教育の実施を目的に全寮制の私立学校(小学校から高校までの一貫教育を実施)として創設されていた。イングラムは末娘のサーシアを開校後すぐに入学させており、サーシアの長女ヴェリアンも後に卒業した。一九五〇年代には現エリザベス女王の長女、アン王女も在学するなどイギリス有数の女子の名門校である。

学校に関山が植えられた当時、九〇歳になっていたイングラムは村の「著名人」であり、怖いものは何もなかった。女性校長に会いに行き、「女子校にあんな淫靡な桜は植えないほうがよい」と告げたという。その直後、ケレットはイングラムの指示で、この樹にオオヤマザクラを接木して「変身」させたというから、徹底している。

‘太白’の偉業

イングラムの大きな功績のなかに、日本で絶滅したと思われる品種の‘太白’を祖国へ里帰りさせたことがある。

太白は、純白の大輪一重の花をつける、オオシマザクラ系の桜である。花の直径が五、六センチもあって輝くような華やかさをもつ一方、静かで落ち着いた雰囲気も漂わせる。イングラムは「雪のように白い花びらと、赤銅色の若い葉のコントラストがすばらしく美しい」と表現し、「白色一重の桜のなかでは、疑いなくいちばん美しい桜」であるとしていた。お気に入りの桜であった。

太白の命名者は盟友の鷹司信輔で、英語では「グレイト・ホワイト・チェリー(Great White Cherry)」と呼ばれる。イングラムが桜行脚に出かける一年前の一九二五年春、イギリス遊学中の鷹司がザ・グレンジを訪問した際にこの桜を見て、命名したらしい。

イングラムは桜行脚の訪日の際、「桜の会」でのスピーチで「私の庭園に、すでに日本にはない二種類の桜(〝太白〟と〝大黒〟)があり、それらを日本の土にお返ししたい」と述べていた。帰英後の冬、この二種の穂木を桜の会に送付したが、一九二七(昭和二)年春に発行された桜の会会報「桜」には「イングラム氏から愛養の日本桜太白、大黒の二種の接穂を日本に於て繁植せしむべく寄贈せられたが、遺憾ながら枯死して居た」[12]とあり、うまくいかなかったようだ。

大黒のその後の消息は不明だが、太白については、大きなドラマを経て「執念の里帰り」が実現した。

ことの起こりは一九二六(大正一五)年四月二〇日、訪日中のイングラムが林愛作とともに、東京で桜の名士、船津静作を荒川の自宅に訪ねたときである。

船津は着物姿でにこやかにイングラムを迎え、障子の放たれた居間に二人を通した。緑茶と和菓子が出され、林の通訳でしばらく歓談した後、船津は自身のつくった「江北桜譜」をテーブルに載せて見せた。これは、船津が荒川堤に植樹した桜の記録を残すため、一九一三(大正二)年から七年間かけて、知り合いの洋画家角井厚吉に依頼し、上質の和紙に水彩で桜の絵を五七枚描かせてまとめたものである。その後、船津家の家宝として伝えられ、桜の品種の貴重な資料となっている[13]。

船津は爪を長く伸ばした指で一枚一枚の絵を指しながら、品種の特徴を説明した。桜の細部にわたる精巧な写生画と舩津の知識の深さに、イングラムは感嘆の声をあげた。

絵の説明が終わると舩津は席を立ち、奥の部屋から一幅の掛け軸を持ってきて、ゆっくりと広げた。並はずれて花の大きい、みごとな白い桜の図柄が現れた。

「私の曽祖父が一三〇年以上前に描いたものです。この桜はねぇ、昔は京都付近で見られたのですが、どうも絶滅してしまったらしい、どこを探しても見つからないのです……」

舩津の言葉を聞いて、イングラムは思わず息をのんだ。花の大きさといい、赤銅色の葉といい、掛け軸の桜はイングラムのもっていた「太白」にまちがいなかった。イングラムの心は海の向こうのケント州ベネンドンの桜園に飛翔していた。

「フナツさんに伝えてください。私の庭にこの桜があります」

林が伝えると舩津は黙ってただほほ笑み、イングラムに向かって深々と頭を下げた。

「フナツさんは私の話を信じていないのかもしれない。でも必ず、この桜を日本に里帰りさせる」

イングラムはこのとき、こう心に誓ったのである。

イングラムは帰英後、桜の会への太白の穂木送付に失敗したが、鷹司の助言で今度は京都の香山益彦(一八八六―一九四四)のところへ穂木を送ることになった。香山は、門跡寺院として皇室とゆかりの深い京都・仁和寺に仕えた寺侍《てらざむらい》(江戸時代、格式の高い寺院で警護や寺務にあたった武士)の家系で、一九〇四(明治三七)年創立の京都府立第二高等女学校(現府立朱雀高校)の教頭を務めていた。植物学を教え、桜にも造詣が深く『京都の桜』などの著書がある。

香山から京都の桜守の大御所、佐野藤右衛門が紹介される。

佐野藤右衛門の名は京都市右京区の造園会社「植藤造園」の代々の当主が襲名し、歴代藤右衛門は仁和寺の造園を担っていた。第一四代藤右衛門(一八七四―一九三四)は日本各地の桜を保存する活動をはじめ、現在の第一六代藤右衛門まで継承されている。第一五代藤右衛門(一九〇〇―八一)は「祇園の夜桜」として親しまれる円山公園の枝垂桜を育てた。この三代の藤右衛門は、由緒ある桜を守り、手入れをする「桜守」として名が知られている。

イングラムの太白の接木を試みたのは、一四代と一五代藤右衛門である。現一六代藤右衛門(八七)が子どものころ、「太白里帰り」の話を父や祖父から聞いていた。

第16代佐野藤右衛門(2014年12月10日,著者撮影)

私は二〇一四年一二月、京都の植藤造園を訪ね、佐野に会って当時の話を聞いた。植藤造園は京都市の仁和寺からさらに西の、広沢池や大覚寺にほど近い、山を見渡す美しい場所にあった。

一六代もの藤右衛門が途切れることなく継いできた「佐野園」に入り、古式ゆかしい日本家屋の応接室で待っていると、背筋をピンと伸ばした佐野がしっかりした足取りで現れた。

「昭和の初めごろ、香山益彦さんとおじい(一四代藤右衛門)は仲がよかったもんでね、香山さんに頼まれておじいがイギリスの太白を接木することになったんですわ」

佐野はこう語りはじめた。佐野によると、イングラムと佐野の父、祖父とのあいだの「太白里帰り物語」は次のようなものである。

一九二八(昭和三)年冬、香山はイングラムから船便で送られてきた太白の穂木を受け取ったが、残念ながら穂木は枯れてしまっていた。穂木は一年に一度、冬のあいだにしか採取できない。

「来年もういっぺん、(送付を)お願いしてみよう」

香山は一四代藤右衛門と相談してイングラムに伝える。一年後、イングラムから新しい穂木が送られてきたが、また失敗。その翌年も同じであった。

「なんでやろねぇ……」

香山と一四代藤右衛門が頭を抱えていると、当時三〇歳を超えたばかりの若い一五代藤右衛門が言った。

「船旅のあいだに乾燥して、水分が足らんようになったんとちゃうやろか。そんなら、穂木をダイコンに刺して送ってもろたらどうやろか」

「ああ、そやな、そやな。それはええ考えかもしらん」

香山はさっそくイングラムに手紙で伝えた。四年目の冬、イングラムからダイコンつきの穂木が送られてきた。「今度こそ」と梱包をあけてみると、なんと穂木からいくつもの芽がひょろひょろと長く伸びており、腐ってしまっていた。水分が多すぎたのだ。

香山、一四代藤右衛門、一五代藤右衛門の三人はひどくがっかりしたが、「鳩首会議」を開き、あることに気づく。

「船が赤道を通るのがあかんのとちゃうやろか」

「そやそや! 赤道付近の暑さで芽が出て、日本についたらまた寒いのんで、枯れてしまうんや、きっと」

日本からイングラムへ送られた穂木の多くは、カナダ・バンクーバー経由の「北回り」の船が利用されていたが、イングラムの穂木はスエズ運河からインド洋を渡る「南回り」の航路で来ていたことに、三人はそれまで気がついていなかった。

鳩首会議では、「船はやめて、シベリア鉄道で送ってもろたらどうやろか。それやったらかかる日にちもぐっと短縮できるやろし」ということになった。

イングラムもこの提案に賛成し、五年目の冬、穂木をシベリア鉄道経由で送付した。今度はイングラムのアイデアで、穂木をジャガイモに突き刺して梱包した。ジャガイモはイギリス人には「主食」としてなじみ深い。イングラムは、ジャガイモの適度の水分と栄養分がいい効果を及ぼすのではないかと考えたのである。

穂木は陸路シベリアを横断し、終点のウラジオストクから港に運ばれ、船で日本海を渡った。さらに夜汽車で一日かけて佐野邸にたどり着いた。

この方法で、ついに太白の穂木は生きて日本の土を踏んだ。

「ようやっと成功したな。ジャガイモに突き刺すとは、イングラムさんもよう考えはったもんやな！」

二代の藤右衛門は大喜びで、すぐに接木の作業にかかった。一五代藤右衛門がオオシマザクラに接ぐと、穂木はうまく台木につながって、成長をはじめた。一九三二(昭和七)年のことであった。

「寒いとこばっかり通ってきたからよかったんや、と親父が言うてましたわ」

と、佐野は振り返った。

太白は、比較的成長が早い。接木の成功後、三年ほどした若木からまた枝をとって接木をし、と繰り返して増やしていった。

こうしてイングラムの太白は、京都の佐野園から各地へ巣だっていく。香山の勤める京都府立第二高女の校庭に一本植えられたほか、仁和寺や平野神社にも植樹され、イギリスから里帰りした桜であることを解説する立て札が添えられた。

「太白は、白の大輪やからね。真っ白でもただ白いのとちごうて、どうゆうたらええかな、気品があるていうのんか、風格がありますわな。もともと日本からイギリスに渡った桜やのに、あちらで紳士的な雰囲気を身に着けて帰ってきたようですわ」

と佐野は笑った。

太白の里帰り後、八〇年以上経った現代を生きる佐野はこう言うが、じつは当時、五年間にわたった父と祖父藤右衛門の努力を、冷ややかに見ていた人もいた。軍国主義が日増しに強まり、国粋主義者が力を得ていた時代である。一九三一(昭和六)年には満州事変が起き、日本は太平洋戦争への道を確実に歩んでいた。日英同盟はとっくに解消されており、イギリスは敵国になりつつある。

桜関係者のなかには、日本の国花である桜をイギリス人からもらい受けるなどというのは、日本の恥だという声もあったのである。

しかし、香山と二代の藤右衛門はそんな声を無視して、太白里帰りをやり遂げた。彼らは日本の伝統的な桜を残したい、との強い思いを共有していたのである。多種多様な桜を開発した日本の伝統を誇りにして重んじ、その歴史を残したい、という熱意であった。

佐野は、イングラムにも父や祖父に共通する歴史への思いがあったのだろう、と言う。

「イギリス独特の王室の伝統と、奈良時代から続いた日本の桜の歴史には相通じるものがあったんとちがいますか。そんな文化の継承のなかでイングラムさんが太白を残してくれはったんやと思いますわ」

佐野が語ってくれた太白の里帰り物語は、実際のところ、資料は何も残っていない。佐野は子どものころ、佐野園で父や祖父が仕事をするのを見て育ち、成人して跡を継いだが、太白の話はそんな環境のなかで二人が作業をしながら話してくれたのを覚えていたのである。佐野は貴重な「生き証人」なのであった。

佐野園にはいま、一五代藤右衛門の接いだ太白から数えて三代目の樹が残っており、取材の帰り際に佐野が見せてくれた。真冬だったため葉はすべて落ちていたが、毎春みごとな花を咲かせるそうだ。

太白が絶滅したことをイングラムに伝えた舩津静作は、里帰りしたことを知らないまま一九二九(昭和四)年に亡くなっている。知っていれば、どんなにか喜んだことであろう。

イングラムも太白を日本へ里帰りさせたことを生涯誇りにし、あらゆる人々に「太白物語」の顚末を話していた。「その歳老いた日本人の桜の専門家が、里帰りを知らずに亡くなったことを心から残念がっていましたよ」。私の取材した人々はみな、こう語っていた。

太白はしかし、戦後の日本が、桜といえばもっぱら染井吉野、という風潮になったため、残念ながら今では東京の新宿御苑で見られるほかは、東京・八王子市の多摩森林科学園や静岡県三島市の国立遺伝学研究所など研究目的の敷地以外では、あまり見られないという。

ちなみに、佐野は現代の日本が染井吉野一色になってしまったことに対し、たいへん批判的である。桜を愛すればこそ……の佐野の議論は、後の章で改めて紹介しよう。

太白が結ぶ縁

イングラムのもっていた太白は、もとはといえば、イギリス南東部サセックス州に住む「ミセス・フリーマン」という女性の家の庭から来たものであった。ミセス・フリーマンは当時すでに年配だったが、庭園造りに熱心で、一九〇〇年ごろ日本から何種類かの桜を輸入し、庭に植えていたという。

イングラムは一九二三年春に彼女の庭園を訪れ、庭の隅のほうに枯れかかっていた桜の樹が二、三花をつけているのを見つけた。花は比類なく大きくそれまでに見たことのない種類だったので、彼女に頼み、穂木をもらい受けた。

うまく接木ができるかどうか心配だったが幸い成功し、私の庭で根付いた。息もたえだえだった小さな穂木から、無数の子孫が誕生し、太白は世界に飛び立っていった。

イングラムは自身の著書『観賞用の桜』でこう述べている。その言葉の通り、太白はイングラムの桜園から日本に里帰りしたうえ、イギリス各地へ巣立ち、人々に最も愛される品種のひとつとなった。

国内だけでなく、その後アメリカやカナダ、オーストラリアにも伝わり、現在に至るまで各国の庭園を飾る美しい花木として知られ、人気を得ている。

太白は、ミセス・フリーマンが日本から輸入した樹だったが、輸入元がどこのだれだったのかは不明である。また、イングラムの日記には、日本での絶滅以前の名前に関して「ミスター・フナツはこの桜の名は〝アカツキ〟だと言っていた」という記述があるが、「アカツキ」なる桜がどの品種を指すのかは、はっきりしない。

このように太白の出自は謎に包まれた部分も大きいが、ザ・グレンジにあった桜がイングラムの手によって日本に戻り、世界にも出回ったことはまぎれもない事実である。太白の里帰り物語は、いまも伝説のように、世界の園芸関係者のあいだで語り継がれている(14)。

太白物語には、好ましい後日談がある。太白の里帰りのためにイングラムと佐野藤右衛門の橋渡しをした香山益彦とイングラムが、その後友情を発展させたのである。

イングラムは訪日時に、香山とは会っておらず面識はなかったが、太白が縁となって二人は文通をはじめた。第一五代佐野藤右衛門が残した著書『桜花抄』によれば、香山は「どういう場所でも調子の変わった大声で話すのが特徴」の人柄であった(15)。その外向きの性格が、臆せず英語でイングラムに手紙を書くことにつながったようだ。

イングラムの義理の孫、アーネスト・ポラードが保管する膨大な資料の中に、香山が一九三四(昭和九)年七月二七日付でイングラム宛に書いた手紙があった。

手紙では、香山が仁和寺や平野神社で桜の穂木を採取し、イギリスへ送ったことが明らかにされている。しかし、「〝有明《アリアケ》〟〝仙宮《セングウ》〟〝撫子《ナデシコ》〟以外の穂木は乾いていたため接木ができなかったとのこと、残念です」と書かれており、香山の送った穂木の大部分はイングラムの庭園で根付かなかったことがうかがわれる。接木に成功した三品種については、詳細に解説されている。古都、京都の由緒ある社寺で数百年にわたって大切に受け継がれた桜の一部はこうしてイギリスに渡り、ザ・グレンジの桜園に加わったのである。

香山は「次回は、あなたが太白の穂木を送られたときのように、穂木をジャガイモに刺してシベリア鉄道で送ります」と記している。

一方、イングラムのほうは、香山について「御室《おむろ》の桜」と題してイギリスの園芸雑誌に記事(16)を書き、香山を「心底桜を愛し、桜の結ぶ縁を大切にする人」であると述べている。そして、香山がイングラムに穂木を送った際、以下のような「桜のうた」を英語で書き添えていたことを紹介している。軍国日本にあって、「仮想敵国」イギリスとの友好関係をうたう香山のメッセージは、たいへん貴重なものだったのではないだろうか。

桜、桜、愛する桜よ
ふたつの海と大陸を超える長旅を安全に
まだ見ぬイギリスでは、たくさんの友人と親切な主人が待っている
祖国と同じように、彼の地でも毎春、美しい花を咲かせてほしい
桜は日英間の友情のしるし、もの言わぬ外交官

桜、桜、私の愛する桜よ

（筆者訳）

桜園に近づく軍靴の音

一九四〇年四月二七日は、イングラム家にとって幸福な日であった。二三歳になった末娘のサーシアが、村で農業を営むチャールズ・ジェラルド・ハーデン（一九〇四―八三）と結婚したのである。

二人の結婚式はこの日、ベネンドンの教区教会、聖ジョージ教会でとり行われ、その後、ザ・グレンジの庭園で披露宴が開かれた。新郎新婦を取り囲むようにして参列者たちはみな、教会から歩いて庭園に向かった。

桜園の桜は春の陽射しの下で開花のピークを迎えており、みごとな桜の風景が一行を迎えた。宴たけなわのころ、新郎が新婦の手をとって桜園を散策した。

「ときおり、桜の花びらがサーシアの純白のウェディングドレスに舞って、それはすてきでしたよ。まるで映画を見ているようでした」

結婚式と披露宴に参加したパトリシア・ソバンはこう、振り返った。

二人は結婚後、ベネンドンに新居を構える。

しかし、このような平和で幸せな村の光景はこの後、あまり見られなくなる。第二次世界大戦がはじまっていたのである。

第一次世界大戦後のヨーロッパに訪れたつかの間の平和体制は、一九二九年の世界恐慌後急速に崩れ、大陸では年を追ってきな臭さが増していた。政情混乱に陥ったドイツでファシズムが台頭し、三三年一月にヒトラーのナチス政権が発足する。ドイツは一九三八年にオーストリアを併合し、チェコスロヴァキアにも侵攻して領土の拡大を図った。

イギリスはチェンバレン首相がしばらくヒトラーに対して融和政策をとっていたが、それが失敗して三九年秋、ナチス・ドイツはポーランドに侵攻。ついにイギリスとフランスはドイツに宣戦布告し、第二次世界大戦が勃発した。イギリスから大陸に向けて、大量に兵士が派遣された。

サーシアの結婚式後に、情勢は急展開する。すでにデンマークとノルウェーを占領していたドイツ軍は、五月に入ると西部地域への攻勢を強め、オランダやベルギー、北フランスに侵攻した。英仏連合軍はドーバー海峡沿いのダンケルクに追い詰められる。

五月一〇日に発足したチャーチル内閣は、五月末から六月にかけて三五万人の兵士を武器や戦車を捨てて撤退させる史上最大の撤退作戦「ダンケルクの戦い」を決行。その後、坂を転げ落ちるようにフランスが崩壊した。ドイツのイギリス本土侵攻は、もはや時間の問題のように思われた。

ドイツの上陸に備えて、イギリス国内で一七歳から六五歳までの義勇兵によるホームガードが国じゅうで編成された。ホームガードは普段から地域をパトロールし、いざというときには武器をとって戦うことが要求され、政府からライフル銃などが支給された。

このとき五九歳のイングラムは即座に志願し、ベネンドン部隊の指揮官に任命された。

ケント州はドーバー海峡に臨み、フランスに最も近い州である。海峡を隔てた向こう側の戦闘のようすが、ベネンドンからも遠方に見わたせるほど、戦況は緊迫していた。
一九四〇年五月二六日付のイングラムの日記は、こう記している。

幸福な日々は終わりに近づきつつある。昼夜を問わない不吉な爆音がとどろき、暗い運命が空を覆っている。大砲がうなり、鈍く震える地鳴り音が彼方から響いてくる。まるで怒り狂う化け物が鈍いうなり声とともにすべてを破壊するかのように――。

（中略）

南の空では夏の稲妻のように、閃光がちらちらと明滅している。それは狭い海峡を隔てた彼の地での、死と破壊をもたらす稲妻だ。（五月二六日）

ナチュラリスト、イングラムは、人が殺し合い、激しい自然破壊をもたらす戦争を憎んでいた。ドイツ軍が上陸してきたら、桜園は破壊されてしまうであろう。イングラムは桜に関する本格的な本を出版しようと目論んでいたが、戦争のためにそれはしばらく棚上げせざるを得なかった。

ホームガードの指揮官としてイングラムはよく、夜間に車で村の要所をパトロールしていた。この夜（二六日）、パトロール中のイングラムを突如としてナイチンゲールの声高な鳴き声が襲う。

恐ろしく神経に触る大砲の音を、ナイチンゲールの甲高い鳴き声がしばしのあいだ、掻き消した。ナイチンゲールがこれほど大きな声で、しかも優美にさえずるのを私は今まで聞いたことがない。

力強い鳴き声は暗闇に響き渡り、情熱的なメロディはまるで、生の喜びを精いっぱい表現しているかのようだった。(同)

イングラムは車を止め、心にしみわたる鳴き声に聴き入る。そして、ほんの一瞬ではあったが、すべてのことを忘れ、魂の浄化を経験したのである。このとき、イングラムの心に、暗い時代にあっても希望と平和を希求するひと筋の灯りがともったのではないだろうか。

このような超自然的な体験を、イングラムは一九二六年に日本の山奥でもしている。そのとき彼は、山腹に輝くオオヤマザクラと富士山頂の神々しい姿を目にし、渓谷に響き渡るウグイスの澄んだ声を聴いて、打ち震えるような感動を覚えた。

イングラムは天地創造主としての神は信じなかったが、大自然のとてつもなく美しく大きな力には、人間存在を超える何かを感じとり、魂を激しくゆすぶられた。そんな自然に対する強い感受性が、桜をこれほどまで愛したイングラムの素地としてあったように思われる。

この後、ドイツは七月に、イギリス上陸作戦の前哨戦として制空権の獲得を狙い、ドーバー海峡とイギリス上空で航空戦をしかける。「バトル・オブ・ブリテン」と呼ばれるこの航空戦は、主にケント州の上空で戦われたのである。ベネンドンの桜園にも、危機が迫っていた。

(1)　雑誌「桜」昭和版第一巻、有明書房、一九八一年収録の「桜の会」会報第九号に、イギリスに穂木が送られたことが記されている。

（2）小金井街道のヤマザクラの種から育った桜とみられる。現在は所在がわからなくなっている。

（3）日本郵船のウェブサイトより。
http://www.nyk.com/yusen/kouseki/200603/index.htm

（4）Notcutt, R.C. and R.F.Notcutt, "Flowering Cherries," RHS Journal, 1935.

（5）園芸雑誌 "The Gardeners' Chronicle" 一九四二年一〇月三一日発行。

（6）桜の人工交配については "Breeding New Flowering Cherries," Gardening Illustrated, 一九五二年七月号を参考にした。

（7）ベネンドンの歴史は Ernest Pollard のウェブサイトに基づく。
http://www.benenden.history.pollardweb.com/

（8）イングラムの義理の孫、Ernest Pollard の義兄 Brian Young のまとめた資料による。

（9）Pearson, Graham S., *Lawrence Johnston, creator of Hidcote*, National Trust, 2010, p.117–118

（10）"The Cult Of the Cherry Blossom: The Japanese Emblem of Loyalty & Patriotism," Illustrated London News, April 28, 1934.

（11）"The Japanese Flowering Cherries The Orient's Greatest Gift to Western Gardens"（掲載誌、年月日は不明）。

（12）前掲「桜の会」会報第九号。

（13）樋口恵一『ワシントン桜のふるさと 荒川の五色桜――「江北桜譜」初公開』東京農業大学出版会、二〇一三年、一七、二二ページ。

（14）なお、桜のDNA調査に取り組む研究者グループが二〇一三年、桜の品種の〝駒繋〟〝車駐《クルマドメ》〟〝太白〟のDNAがすべて同じであると発表したことから、太白は日本でも別名で生き残っていたのではないかと言われることがある。しかし、調査にあたった森林総合研究所主任研究員の勝木俊雄は、「よく調べてみると、現在〝駒繋〟〝車駐〟と呼ばれている桜は過去の栽培の段階で太白と取り間違われた可能性が高い」と言っている。また、イングラムの残した日記にも、一九二六年に荒川堤で見た桜、として「駒繋」の詳細な記述があり、太白とはちがった特徴が記されている(この荒川堤の駒繋はその後、枯れている)。戦中・戦後の混乱期のなかで、勝木の言うように二品種が栽培段階で太白と取り違えられたと考えるのが妥当であると思われる。

(15) 佐野藤右衛門『桜花抄』誠文堂新光社、一九七〇年、四六ページ。

(16) Ingram, Collingwood, "Cherries of Omuro," Gardening Illustrated, April 9, 1932.

第四章

「本家」日本の桜

この章では、桜の生態や日本の桜の歴史について見ておきたい。桜の歴史は日本人の歩んだ道のりと表裏一体であるといってもよく、それをおさえておくことは、イングラムが二〇世紀の初めに日本で見た桜の情景や桜の置かれた状況を理解するためにも、重要である。

前にも述べたように、桜には野生種と人間のつくった栽培種の両方がある。日本に自生している野生種は意外に少なく、ヤマザクラ、オオシマザクラ、カスミザクラ、マメザクラ、オオヤマザクラ、タカネザクラ、チョウジザクラ、エドヒガン、ミヤマザクラ、カンヒザクラの一〇種類である。ただし、カンヒザクラは沖縄県の石垣島の一部でしか野生のものが見られず、昔から自生していたのか海外から持ち込まれて野生化したのかははっきりしないため、九種類とされることもある。

日本に多いのは栽培種の桜であり、その数は四〇〇以上ともいわれる。栽培種の桜は、野生種に対して人間の住む里で咲く桜として「里桜」とも呼ばれる。また、野生種を全部ひっくるめて「山桜」

と呼ぶこともある。

野生種、栽培種を合わせた多種多様で豊かな桜を慈しみ、生活や芸術に取り入れてきた歴史こそが、日本の桜文化の特徴である。

桜の歴史　古代―江戸時代

野生の桜は、日本人が農耕民族として日本列島に定住しはじめた古代から自生していた。桜はおよそ次のようなメカニズムで、増殖していった。

古代日本の自然界では、山間部の樹林で大木が倒れて光の射しこむ隙間ができると、そこに桜が出現した。桜は光を好むのだ。桜の分布に重要な役割を果たしたのは鳥である。桜の実を食べた鳥が、種を含んだ糞を光のあたる場所に落とすことで、あるいは糞の落ちた所が陽光の射す場になることで種が発芽し、桜の樹が育つ。鳥以外にもクマやタヌキなど哺乳類の動物が種の運搬者となることもある。

さらに、人が山の麓に定住して稲作を中心に農耕をはじめたことで、桜も増えた。人が水田とは別に、生活のために森林を伐採して畑にしたり、薪などに利用するための雑木林をつくると、光のあたる「里山」ができて、桜が自然発生的に生育したのである。

野生の桜に特徴的なのは、どの樹も少しずつちがい、まったく同じ樹はないということである。前の章でも触れたが、桜は他の樹から花粉をもらわないと実ができない。その場合も、同一の遺伝子をもつ樹同士では受粉できない。従って、実《み》はちがった遺伝子が結合してできるのであり、その実の種から生育した子どもの樹は、どれも親とは少し姿かたちのちがう樹になる。ちょうど人間の子どもが親とはちがい、兄弟もそれぞれ異なっているのと同様の仕組みである。

世代交代が続くうちに突然変異が起きて、特徴の大きくちがう樹が生まれる。さらに、近辺に異なる野生種があれば、二種の桜が自然交配して新しい桜を生む。

こうして桜はどんどん増殖するが、どの樹もすべてちがう。桜はもともと多様なことが特徴なのである。

そのうちに、特色のある桜をどこかで人が見つけ、自分たちの住む場所に移植するようになる。村の共同体のシンボルとなり、民間信仰の対象となった桜はこのようにして、自然界から「里」に移った。

さらに、人が特定の美しい桜を残したいと思ったとき、挿木《さしき》や接木《つぎき》によって栽培して、「栽培品種」が生まれる。この場合、増えた樹はすべて同一の遺伝子を持つ「クローン」となる。藤原定家が平安末期から鎌倉時代に書いた『明月記』では、「自邸の桜を接木した」と記されており、この時代にはすでに接木の技術があったとみられている。(1)

日本に長く住んだことがあり、イングラム後のヨーロッパで桜研究の第一人者として知られるオランダ人のウィーベ・カウテルト(ソウル大学大学院教授)は、四季に恵まれ、雨量の多い日本の気候と火山灰地質の国土が桜の生育に適していたと指摘する。また、山岳地方では急斜面が多いため場所によって温度差が激しく、狭い範囲内で多数の異種の樹木が繁殖することが、桜の多彩な品種を生む背景のひとつになったという(2)。

カウテルトは例として、ヤマザクラとエドヒガンの生育分布が重なる茨城県の阿武隈山脈をあげ、この地域では二種の自然交配により樹形や花の形、色、開花時期のちがうあらゆる形態の桜が見られるとしている。

「里」に移った桜は稲作と結びつけられ、水田を守り、米の出来具合を予兆する貴重な存在とされた。

「サクラ」の語源は、田の神を意味する神の霊「サ」と、その居場所「クラ」(倉または鞍に通ずる)が合体した、とする説がある。山の神が稲作を守護するために桜の花びらに宿り、田に下って田の神となるのである。そして、農民にとって桜の開花は、田植えの準備をする合図となる(3)。

地方によっては現在でも、桜の開花が稲の種まきの時期を知らせるとして、「種まき桜」と呼ばれる桜がある。また漁村では、花が咲けば魚の捕獲ができる印だとして、「魚見桜《ウオミザクラ》」と呼ばれる桜がある。日本人にとって桜は古代から生活に密着し、生産力や生の活力を象徴していたのである。

奈良時代になると、平城京に初めて都市空間が現れ、貴族官僚たちが邸内に樹木を植樹するようになり、桜は古代の信仰と生活の対象から観賞の対象となる。

しかし、平城京の律令制度は中国(唐)をモデルとしており、上流社会でもてはやされたのは中国から来た梅であり、桜はまだ特別な存在ではなかった。国語学者、山田孝雄《よしお》(一八七五―一九五八)の記した『櫻史』によれば、八世紀に編纂された万葉集には梅を詠んだ歌が一一〇首あるが、桜に関する歌は四三首しかない(4)。

桜が日本の花として謳歌されるようになるのは、都が京都に移った平安京からである。

ここにたいへん興味深い歴史的事実がある。京都御所の寝殿である朱塗りの紫宸殿（または南殿《なでん》）の前庭には、左（東）側に桜、右（西）側に橘の樹が植えられており、「左近の桜・右近の橘」として有名だが、七九四年の遷都のときに植えられたのは桜ではなく、梅であった。梅の樹が九世紀なかばごろまでに桜に植え替えられて、その伝統が現代まで続いているのだ。

大貫恵美子（米ウィスコンシン大学教授）によれば、九世紀は日本人が中国文化に対する全面的傾斜から離脱し、自分たち自身のアイデンティティを確立しようとした時期であった。その独自のアイデンティティ形成のうえで、「桜の花が当時の日本人を象徴する主要な隠喩として選ばれた」のである。(5)

こうして平安時代に桜が上流階級で称賛される主要な樹となる。桜の観賞会「花の宴」が宮中行事となり、貴族たちは嵐山などで「桜狩り」を楽しみ、「蹴鞠《けまり》」の際にも毬庭の四隅の一角に桜を利用した。万葉集とはうって変わり、九〇五年ごろ紀貫之らが編纂した『古今和歌集』の春の歌の大半は桜の主題で埋められた。(6)

ねがはくは　花のもとにて　春死なむ
　そのきさらぎの　望月のころ

平安後期の僧侶で歌人、西行（一一一八—九〇）は生涯桜を愛し、桜の満開時に人生を終えることが最大の望みだとうたった。

西行が詠んだのは吉野山に咲くヤマザクラであった。吉野山は、山岳宗教に起源をもつ日本独自の「修験道」の発祥地で、本尊である蔵王権現《ざおうごんげん》が桜の樹で彫られたとされることから、桜は「神木」として敬われた。平安時代に信者たちが桜の苗を寄進したことが発端となって桜の植樹が続き、しだいに全山が桜に覆われた。西行のころにはすでに吉野山は上流階級が憧れる桜の名所になっていた。

平安時代に観賞された桜は主に吉野山に代表されるヤマザクラであったが、小川和佑（文芸評論家、一九三〇—二〇一四）はエドヒガンの突然変異で生まれた〝枝垂桜〟もあったと推測する。また、後期には貴族のあいだで庭に八重桜を植えることが流行したといい、すでにいくつかの栽培品種があったようだ。

平安後期から鎌倉・室町時代を通じて、おもしろい現象が起きる。貴族の力が低下して東国で武門（武士）が台頭するようになると、国内で「桜の移動」が起きるのである。一二世紀に源頼朝が鎌倉に武家政権（幕府）を創設すると、東国と京都とのあいだで人の行き来が頻繁になり、武士が都に移住するとともに桜が東国から移植された。桜は権力の象徴となった。

このようにして鎌倉時代に、伊豆諸島や伊豆、房総半島一帯に自生する白い大輪のオオシマザクラが西の都に持ち込まれたと見られている。さらに、オオシマザクラから生まれた栽培種の〝普賢象〟や〝御車返〟も、このころ都へ移動したとみられる。

室町時代になると、京都に「花の御所」と呼ばれる足利将軍家の大邸宅が造られて、庭園に各地の守護大名から献上された桜が植えられた。

こうして都に持ち込まれた桜は地元の桜と交配して、さらに新しい桜を生んだ。〝法輪寺〟など今日も残るオオシマザクラ系の栽培種はこのころ京都で生まれている。

江戸時代になると、栽培品種の数が一挙に増え、桜は黄金時代を迎える。京都でも引き続き、江戸時代を通じて社寺の境内を中心に桜の品種は増えたが、最も多くの品種が生まれたのは江戸の大名屋敷の庭園である。

大名が参勤交代で江戸と地方を行き来すると桜も移動し、各地の桜が江戸に持ち込まれた。また、大名や旗本が江戸の屋敷に独自の美しい桜を植樹しようと、競ってお抱えの植木職人に新しい桜を創らせたのである。

こうしてヤマザクラ系、オオシマザクラ系、エドヒガン系の桜、と各種の栽培品種が生まれ、大名屋敷の庭園内で咲き誇った。なかには庭園に大規模な「桜園」を造った大名もいる。江戸幕府老中で白河藩主だった松平定信(一七五八―一八二九)は築地の邸宅「浴恩園」に一四二種の桜を植えていたことが記録に残っている。

どのぐらいの品種数があったかの正確な記録はないが、桜研究家の川崎哲也(一九二九―二〇〇二)は、江戸時代末期には少なくとも二五〇種の栽培品種が江戸に存在していたとみる。(7)

江戸時代にはまた、各所に桜の名所がつくられて、桜は広く庶民が楽しむものとなる。第三代将軍徳川家光(在職一六二三―一六五一)によって一六二五年、江戸城を守るため上野に天台宗関東総本山の東叡山寛永寺が創建されると、開山である天海は吉野山から多数のヤマザクラを移植し、上野の山は桜で埋まった。

さらに第八代将軍徳川吉宗(在職一七一六―一七四五)の時代に、隅田川東岸(向島地区)と小金井地区の玉川上水沿いに、護岸と水質浄化、景観整備などの目的で一〇〇〇本単位の桜が植樹された。当時、桜の根は地下浸透する水質を浄化すると信じられていた。また、飛鳥山（現東京都北区）にも多数の桜が植えられた。

　これらの場所が桜の名所となり、庶民の花見の場所として定着していったのである。イングラムは一九二六（大正一五）年の訪日時に、小金井の桜並木を訪れている（第二章参照）。

歌川広重「武州小金井堤満花之図」（部分）

　吉宗時代に植樹された桜は、吉野山や桜川（現茨城県）の桜の名所から苗が移植された。ヤマザクラが主であったが、エドヒガンやコヒガン、枝垂桜もあった。上野では寛永寺創建以来次々に桜が植樹され、明治の初めには種類も四〇種に増えていた(8)。

　多数生まれた栽培品種の里桜は、もっぱら武家屋敷や寺社の境内に植えられ、庶民が観賞したのは大半が野生の桜だったのだ。

〝染井吉野〟の登場と明治維新

江戸時代に全盛期を見た桜は、一九世紀なかばから終わりにかけて、大きな変化を見る。開国、戊辰戦争、明治政府樹立、そして西南戦争を経て本格化した「近代化」。日本が経験した未曽有の激動と混乱、変化のなかで、桜も時代の波に激しく翻弄される。

古い栽培品種が消滅し、代わって新しく開発された〝染井吉野〟がしだいに日本国じゅうを席巻していく過程がはじまるのである。

明治維新で大名が地位を失うと、江戸(東京)の大名屋敷は一部が政府の奨励によって茶園や桑園に変えられたものの、多数が廃屋と化して放置された。大名たちが手塩にかけて育てた里桜(栽培品種)の数々は、伐採されたり枯れる運命の憂き目にあった。ほとんどの品種は一軒の大名屋敷に固有のものであったため、失われると永久に消滅(絶滅)してしまった。

イングラムが日記などで何度も指摘したように、鎖国下で二〇〇年以上も平穏の続いた時代だったからこそ多数の栽培品種が生まれ、桜文化が花開いた。その多くが時代の大波にのまれて絶滅するという大きな危機に直面していた。

舩津静作らの「桜の救済活動」に進む前に、この時期に登場した染井吉野について述べておきたい。

江戸時代、染井村(現在の東京都豊島区巣鴨、駒込あたり)には多数の植木屋が軒を連ね、大名屋敷の庭園に用いる栽培植物の改良や増殖にあたっていた。数々の里桜はここで開発されたのである。

「吉野山の桜が江戸でも見れる」。幕末、こんなキャッチフレーズとともに、染井村から新種の桜が売りに出された。「吉野桜」と呼ばれたこの桜は花つきが極めてよく、花と葉が同時に広がるヤマザクラとはちがって、まず花が咲きそろって樹全体を覆うため、豪華で見栄えがよかった。このため、またたく間に人気を集めた。

これが後に、染井吉野と呼ばれるようになる桜である。染井吉野は現在では、オオシマザクラとエドヒガンの交配によって生まれたことがわかっているが、当時はただ「新種の桜」として注目された。染井吉野はこの後、急速に広まって日本の桜の風景を決定的に変える。

新時代になり、多様な里桜が顧みられなくなったとはいえ、国民の桜熱は消滅したわけではなかった。明治政府は近代日本を象徴する樹として桜に注目し、東京各所に桜を植樹しはじめるが、それに時を合わせるかのように染井吉野が登場したのである。

染井吉野は成長が早く、条件がよければ五年ほどで見栄えのよいサイズに成長する(9)。ヤマザクラなら一〇年はかかる。また染井吉野は接木の成功率が高く、たいへん経済的であった。新時代の景観づくりを急ぐ明治政府には格好な桜であった。

染井吉野の歴史や生態に関する書『サクラを救え』(平塚晶人著)によれば、染井吉野の進出はまず、江戸時代の桜の名所だった上野、向島、飛鳥山で、ヤマザクラやエドヒガンを駆逐する形ではじまった。上野では一八七六(明治九)年ごろから染井吉野が植樹されはじめ、やがてヤマザクラの本数を上回った。向島では一八八三(明治一六)年に染井吉野が一挙に一〇〇〇本植樹され、飛鳥山では一八八〇(明治一三)年に三〇〇本、八年後にはさらに一〇〇本が植えられた。

明治のなかごろには染井吉野の苗木の大量生産体制ができあがり、植樹が東京じゅうへ広まる。イギリス大使館前、千鳥ヶ淵から赤坂見附、と広がり、一九〇四(明治三七)年ごろにはすでに東京の街路樹の三割強が染井吉野になっていた(10)。

古くからの名所で染井吉野にとって代わられなかったのは唯一、小金井堤であった。しかし平塚によれば、これは小金井のヤマザクラが当時はまだ元気で植え替えの必要がなかったからだという。もしも小金井の桜が水害などで大きな被害を受けていたら、ほぼ確実に染井吉野に植え替えられていたであろうと平塚は言う。

一変した風景

樹を花のみで覆う豪華さを際立たせるために、染井吉野は同じ場所に大量に植樹された。その結果、桜の景観はそれまでとはすっかり変わった。染井吉野はすべてクローンであり、どの桜もみな一緒だからだ。

桜はこれまでにも述べたように、もともとどの樹もすべてちがった特色をもっており、花や葉の色、形が個体によって少しずつ異なる。江戸時代の桜の名所では、ヤマザクラを種子から育てて植樹するのがふつうだったため、一本一本が個性をもっていた。また、開花時期も少しずつずれていたため、一本が散れば次が咲くという具合に、花の時期は長く続いていた。

ところが、クローンの染井吉野に変わってからは、すべての樹がみな同じ姿かたちになったうえ、咲く時期、散る時期もみな同じになり、大量の桜がいっせいに花をつけていっせいに散るという光景をつくったのである。(11)

イングラムは一九二六年に、小金井の桜並木について「それぞれの樹がみなちがい、すばらしい景観だ」と称賛したが、それは小金井の桜がヤマザクラであったからにほかならない。

イングラムが東京で会った東大教授の三好学や舩津静作ら桜の研究家が愛したのも、このような日本古来の多様な桜の風景であった。

その後、明治後期から大正・昭和の初めにかけて、染井吉野の植樹は全国に広まり、加速度的に増えていく。一九〇六（明治三九）年とその翌年に日露戦争の勝利を記念して各地で先を争うように染井吉野が植えられたほか、大正と昭和の天皇即位記念、一九三三（昭和八）年の皇太子誕生記念など、皇室関係の行事があるたびに染井吉野が植えられた。靖国神社には、すでに一八九二（明治二五）年に染井吉野三〇〇本が植えられていた。[12]

一九二三（大正一二）年の関東大震災後の景観整備の際にも、染井吉野が大量に導入され、公園の新設や建物の新築記念など、ことあるごとに染井吉野が植樹された。ヤマザクラやエドヒガンはついに、もともとあった山の中に追いやられてしまったのである。

「桜の会」（第二章参照）幹事を務めた東京市公園課長の井下清は、会報「桜」第一七号（一九三六〔昭和一一〕年発行）に、染井吉野植樹の勢いについてこう書いている。

古い桜名所は未だ染井吉野の出現しなかった前に植え始められたものは当然古来の山桜又は里桜であった筈であるのに、何時の間にか染井吉野桜に入替って居る。……まして全然新たに植栽される桜は何等躊躇なしに染井吉野桜のみが植えられて居る。従って桜と云えばほとんど全部が此の染井吉野桜になり終ったのである。[13]

一九一二(明治四五)年には、東京市からワシントンに桜の苗三〇二〇本が贈られ、ポトマック公園に植樹されたが、そのうち一八〇〇本までが染井吉野であった。[14]〝関山〟や〝普賢象〟など一〇種類の里桜も含まれていたが、その後里桜は減少し、関山以外はほとんどなくなってしまった。

欧米で起きたジャポニズムの流れのなかで、一九世紀末から二〇世紀にかけて欧米人の来日が増え、日本の桜礼賛の記述も増えたが、これも染井吉野の称賛が主流だったようだ。第一章で触れたラフカディオ・ハーンの『知られぬ日本の面影』は一八九四(明治二七)年に書かれたが、カウテルトはハーンの見た「枝という枝に純白の花の咲き乱れた桜」は染井吉野だったと推測する。[15]もっとも、ハーンは後に地方でうばざくらの物語など桜の民話について書き、桜への視点を広げている。

イングラムは三度目の来日時にすでに桜の知識を豊富にもち、日本で「多様な桜」を入手することを第一の目的としていたことから、染井吉野以外の桜を多数見ていた。そして多品種の桜が消えゆくことへの警告を日本人に発したのだが、当時外国人でこのような視点を持っていた人はきわめてまれであった。

救済された里桜

江戸末期のある日、ひとりの植木職人が江戸の大名屋敷の庭園で里桜の大木を見上げ、途方にくれていた。穂木を伐らせてほしいと家人に頼み込んで庭園に入れてもらったものの、樹が高すぎて枝に届かない。

彼は以前、その八重桜を手入れしたことがあり、比類のない花の美しさを知っていた。

「この桜はここにしかねえ。是非とも枝を伐っておかなけりゃあ……」

植木職人は思案の末、はいていたワラジをぬぎ、ヒモにくくりつけて梢に向かって投げた。うまい具合に若い枝にからみつき、ワラジが枝にぶら下がったので、そーっとたぐりよせて枝をしならせ、手の届く位置まで下ろしてすばやくハサミで伐った。

「有難うございやした！」

家人に礼を言うと、そそくさと屋敷を後にした。

「窮すれば通ず。何とかなるもんだ」

職人は顔をほころばせてつぶやきながら、枝を大切に抱えて自宅に戻った。

この植木職人の名は、高木孫右衛門（生年不詳―一八九八）。江戸の染井村の植木屋「梅芳園」の一一代目孫右衛門であった。

梅芳園は将軍家御用達の植木屋で、長年将軍家の庭園や大名屋敷の梅、桜などを管理していた。高木家は将軍や大名のお抱え職人として安定した地位を保ち、曽祖父孫右衛門の時代から里桜の収集をはじめていた。出入りの屋敷から美しい桜の接ぎ穂をもらい、接木して梅芳園の庭に植樹したのである。

しかし、それも平和な時代であったからこそ。黒船来航による嘉永七（一八五四）年の開国以来、世の中には不穏な空気が流れ、状況は激変した。

大名たちの心はもはや、江戸にあらず。自藩に戻ることが多くなって、庭園の手入れはおろそかにされていた。文久二(一八六二)年の「文久の改革」で参勤交代がそれまでの一年おきから三年に一度になり、その五年後に制度そのものが廃止されると、江戸から大名の姿が消え、屋敷の荒廃は進んだ。

一一代目孫右衛門は、梅芳園の地位の低下もさることながら、大名屋敷から里桜が次々と消えていくことに深く心を痛めていた。

「いま何とかしなけりゃあ大事な桜がみんな滅んじまう」

状況は切羽詰まっており、時間はあまりなかった。孫右衛門は、自ら出向いて桜を収集し、保存することを決心する。

それから彼は日々、仕事の合間に大名屋敷を訪ね歩いた。当初はまだ大名の妻子が江戸に残っていた。

「御庭の桜を残しておきたいんで、穂木を分けてもらえねえでしょうか」

丁重に頼んで、庭に通してもらった。

しかし、収集にはたいへんな苦労が伴った。家人が孫右衛門の素性を疑い、なかなか庭園に入れてくれないこともしばしばであった。

遠方の屋敷を尋ねるときは、水分を保つためにあらかじめダイコンを輪切りにして持参し、それに刺してもち帰った。梅芳園で接木し、植樹することを繰り返すうち、桜コレクションは少しずつ増えていった。

その後大名の妻子も引き上げて屋敷が完全に放置されると、

「桜守」高木孫右衛門(樋口惠一氏提供)

初代江北村村長，清水謙吾
（樋口惠一氏提供）

孫右衛門の行動は大胆になる。

「ごめんなすって！」

屋敷の前で手を合わせ、そっと庭園に忍び込んで穂木を伐った。

孫右衛門はそれらの桜の名称や、あった場所などについて克明に記録した。この収集活動によって多数の里桜の品種が救済され、絶滅を免れた。松平定信邸の浴恩園の桜もかなりの数が孫右衛門の手に渡ったとみられている。

一八八五（明治一八）年七月、関東地方を襲った台風で江北村（現足立区江北）を流れる荒川（現隅田川）が氾濫し、堤防の補修工事が必要になった。村民の希望で工事終了後、堤防上に桜並木を造ることが決められた。村民の大半は「流行の染井吉野を植えたい」と希望していた。

しかし、当時の村長、清水謙吾（一八四〇―一九〇七）は、頑として首を縦に振らず、「染井吉野以外の里桜を植える」ことを決めたのである。

清水は漢学、数学、観相学などを学んだ知識人で、伝統文化を残したいとの強い気持ちをもっていた。梅芳園の近くに住み、高木家とは以前から親交があった。清水は孫右衛門が貴重な里桜を収集していることを知っていた。

「梅芳園の里桜を、ぜひ荒川堤に植樹させてもらえないだろうか」

清水がこうもちかけると、孫右衛門は喜んで了承した。

清水は地域の村民から寄付を募り、二九五円（現在の約五九〇〇万円に相当）を集めて梅芳園の苗を購入した。

こうして翌一八八六(明治一九)年春、七八品種三二二五本の里桜の苗木が、荒川堤の約六キロにわたる範囲に植樹された。作業をしたのは大勢の村人たちである。無償奉仕であった。

このとき、後にイングラムも出会った桜の名士、舩津静作が桜の植樹と管理に深く関与する。清水は教育者としても業績があり、自宅で「清水塾」を開いて学問を教えていたが、舩津はこの塾の門下生であった。

「荒川堤の桜の保護と管理を、君に任せる」

清水は、当時二八歳だった若い舩津の能力と桜への情熱を高く評価していた。

その後、荒川堤の桜は舩津のていねいな管理によって、一九〇三(明治三六)年ごろに見ごろになり、紅、ピンク、白、黄、緑などさまざまな色の桜が見られたことから、「荒川の五色桜」と呼ばれて有名になった。明治期の末ごろまでが最も立派な時期であったという。

染井吉野が勢いを振るっていたときに里桜を植樹することを決めた清水の判断は、消えゆく日本の桜を後世に伝えることにつながり、まさに「英断」であった。江戸時代に開発された約二五〇種のうち、高木孫右衛門が体を張って救った七八種が、荒川堤に残されたのである。

高木家の梅芳園はその後廃園になったため、荒川堤のみが里桜の保存場所となった。清水の決断がなければ多くは失われてしまったであろう。歴史的にみれば、清水の判断の重要性ははかりしれない。

清水は一九〇七(明治四〇)年に没するが、桜の維持管理を任された舩津は、その後荒川堤の桜の品種についての詳細な研究を行い、里桜の品種認定に関しては右に出る者はいないほどの名士となった。

イングラムが訪日時に桜の名士として不動の地位を築いていた船津に会って、その知識と桜への愛情の深さにいたく感銘を受けたことは前の章で書いた。

荒川堤はその最盛期には、庶民の花見の名所として毎春盛大に行事が行われるようになり、荒川を運行するポンポン船の臨時便が朝早くから大勢の花見客を運び、河原は人で埋まった。桜並木の合間に多数の茶屋や出店が設置され、芸人が踊りを披露して花見を盛り上げた。

荒川堤の里桜はまた、桜の学術的な研究の発展にも大きな貢献をした。

「桜博士」と呼ばれた東京帝国大学教授の三好学が、一九一六(大正五)年にドイツ語で発表した論文「日本のヤマザクラ、その野生種と栽培品種」は、日本の里桜の品種について初めて分類学的にまとめたものだったが、これは荒川堤の里桜の観察と研究に基づいていた。

荒川堤の花見の風景(樋口惠一氏提供)

三好の研究の陰には、船津の全面的な協力があった。

三好は論文を書くために、毎年桜の開花時期に船津とともに荒川堤へ通っていた。毎朝午前五時ごろ船津の自宅を訪ね、軒先で船津が支度するのを待ち、二人で荒川堤に出かけて桜の標本採取をしたのである。早朝に仕事をすませたのは、花見客を避けるためであった。三好はこの日課を一〇年繰り返した。

三好は一九〇三(明治三六)年に初めて荒川堤を訪れたが、そのときのようすを後に次のように書いている。

> 当時自分の見た桜はまだ若く、樹が健全で、枝が十分に伸び、花が多くつき、その色が白・紅・赤紫・黄・緑など様々で、花の大きさ、つき方、枝ぶりなどそれぞれ違っていたのみならず、中には芳香のあるものさえ見出された。斯かる多数の里桜を一緒に調べることのできた当時の喜びはたとえようがなかった。

明治のなかばに荒川堤に里桜が植えられた大きな意義は、多数の貴重な品種を絶滅から救い、桜の研究にも役立ったという功績もさることながら、染井吉野一色に染まりつつあった時代の趨勢に抗って桜の「多様性」を保護し、みごとに花開かせて国民にその価値と美しさを知らせた、ということにある。

高木孫右衛門、清水謙吾、舩津静作、三好学ら桜を心から愛した少数の人々の努力と行動力がなければ、桜は本当に、ひとつの色に染まり切ってしまったであろう。

三好学(「桜」21号より)

三好はこう言っている。

此頃東京の桜は概ね染井吉野にして惟《ただ》上野には若干の彼岸桜および枝垂桜の大木あり……然るに荒川桜に新たに多数の里桜の出現せるにより、観る者皆花色花形の多様なるに驚かざるはなく、同桜堤の名声は忽《たちまち》にして四方に宣伝せり。(16)(17)

桜の会の〝染井吉野〟批判

桜の専門家や古くからの愛好家たちは内心、染井吉野の流行を苦々《にがにが》しく思っていた。一九一七(大正六)年に発足した「桜の会」の会合でも、しばしば染井吉野に対する強い批判が出て議論になった。

染井吉野櫻ぐらい専門家、愛櫻家から貶《けな》され罵《ののし》られ痛烈に排斥される花は無い。櫻の会席上に於ても幾回か話題に上った。

前述した東京市公園課長、井下清は「桜」第一七号(昭和一〇年)に書いた染井吉野論の中でこう述べている。会合で染井吉野に関してかなり激しい議論が戦わされたことをうかがわせる。井下はこの論考で「昨年の櫻の會で京阪の櫻研究家から染井吉野櫻排斥論が提出された」とまで書いている。

また、昭和の初めにイングラムの〝太白〟が日本に里帰りした際、イングラムと佐野藤右衛門の仲介人となった京都の香山益彦は、一九三四(昭和九)年の「桜」第一六号に「(京都の)新開地の電車の停留所に(染井吉野が)あるが風致をやかましく云ふ人、櫻を好む人には染井吉野は歡迎されないで却って除去すべきものであるとしてゐる」と書いており、京都では染井吉野があまり好まれていなかったことを伝えている。

しかし井下は同じ文で、染井吉野の勢いはもはや止めようがない、とややあきらめ加減に次のように書いている。

染井吉野櫻は、満身創痍を浴び當然櫻界から葬られなければならぬのに、事実は之に反して専門家熱愛家の批判を知らぬ顔に悠々として益々其の範圍を擴大し、染井吉野櫻即ち櫻花と斷ずるが如き地歩を占めつつあるとは、憎まれっ子世に幅かる譯である。(18)

東京で染井吉野以外の桜を鑑賞できたのは、荒川堤と小金井街道の桜並木のみとなった。

しかし、荒川堤の里桜も明治後期に全盛期を迎えた後、しだいに衰退の道をたどりはじめる。一九一〇(明治四三)年に関東地方で起きた大洪水後、大正期を通じて荒川放水路をつくる大改修工事が行われ、植樹されていた多数の桜が伐採されたのである。また、対岸の工場からの煙害や近辺の交通量が増えたことによる車の排気ガスの被害が甚大となり、年々品種は少なくなっていった。

訪日中のイングラムが桜の会でスピーチし、「桜の品種の保存と保護を」と歯に衣着せぬ発言をしたのは、染井吉野が猛威をふるい、里桜の衰退が進んでいたこんな時期である。

桜の会の面々は、どんな気持ちでイングラムの警告を聞いたのであろうか。

桜の会はイングラムに言われるまでもなく、桜の衰退に歯止めをかけ、品種の保存と普及のために行動を起こしてはいた。東京・駒沢村(現世田谷区)や小金井、さらに茨城県下に独自の苗圃《びょうほ》を設け、荒川堤の里桜や小金井のヤマザクラの苗を多数、栽培していた。荒川堤の里桜はもっぱら船津が増殖して苗をつくり、会に一〇〇〇本以上の苗を移譲した。

船津自身も、独自に荒川堤の桜の保護に乗り出し、地元で保存会を発足させて多様な里桜が絶えないように苗の育成に努めていた。三好もこれに協力した。

このころの会報「桜」には「将来優良種を各方面に配るため、苗を育成中である」との記述がしばしば見られる。苗は実際に、東京の日比谷公園などに移植された。

しかし、戦争がすべてを壊す。荒川堤の桜の歴史に詳しい桜研究家の樋口惠一は、言う。

「まもなく戦争に突入して、桜の保護・保存活動は停止します。桜の会がもっていた各地の苗圃がその後どうなったのかは、まったく不明です」

戦争によって、桜の苗だけでなく、「多彩な桜を各方面に」という桜の会の願いも消える運命にあったのだ。

井下が「染井吉野の傍若無人な進出」とまで呼んだ染井吉野の猛烈な拡大。もちろん、染井吉野の樹自体には何の責任もない。

問題は、多彩な桜が染井吉野にとって代わられた過程が、近代日本で軍国主義化が進んでいったのとほぼ同時進行的に起きたことである。まるで、ひとつの桜が多様な桜を駆逐していった動きが、日本社会に暗雲が空を覆うかのごとく全体主義が広がり、多様な価値観をはじき飛ばしていったことを象徴するかのように。

太平洋戦争と「桜イデオロギー」

第二次世界大戦に至る過程と大戦中に、桜が軍国主義に利用されたことは、周知の事実である。

貴様と俺とは　同期の桜
同じ兵学校の　庭に咲く
咲いた花なら　散るのは覚悟
みごと散りましょう　国のため

戦後生まれの私でも知っている「同期の桜」。この軍歌の歌詞のごとく、戦争中は「桜のように散る」ことが最高の美徳だとされた。

桜の歴史のところで見たように、桜は古代から日本人にとって生産や生の象徴だったのであり、満開の花に人々は生きる喜びや力強い生命力、再生の力を見ていた。ところが軍国主義の台頭とともに、咲いた花ではなく「散り際」に焦点があてられるようになった。

もうひとつ、軍国イデオロギーとしてきわめて効果的に利用された桜のうたがある。

敷島の　大和心を　人問はば
朝日に匂ふ　山桜花

本居宣長が江戸時代の寛政二（一七九〇）年に六一歳で詠んだ和歌である。これは本来、朝日をうけて咲くヤマザクラの高貴な美しさを賛美したうたであり、生の象徴としての桜の花のイメージを詠んだものである。散りゆく桜のイメージとは無縁なうえ、死の意味もまったくほのめかされていなかった。(19)

しかし、宣長のうたは「大和心」と「散る桜」のイメージを故意に結びつけて、まるで桜のように潔く散ることこそが大和心であると言っているかのように宣伝され、国のため、天皇のために死ぬことを国民に鼓舞する道具として使われたのである。

さらに「花は桜木、人は武士」との古来の諺は「花の中では桜がいちばん、人では武士がいちばん」という単純な意味をもつに過ぎないのに、「ぱっと咲いてぱっと散る桜のように、死に際の潔い武士が人として最も優れている」という意味であるかのように宣伝された。

大貫恵美子は、桜の散り際に焦点をあてる思想は明治時代から少しずつ現れ、政府がたくみに「散る桜」のイメージを学校唱歌の歌詞に取り入れるなどして、子どもたちに国家と天皇への忠誠心を植えつけていったと指摘する。(20)

教育学者の斎藤正二（一九二五―二〇一一）は、そのようにじわじわと浸透していった思想が「桜の社会神話」となって軍国主義の支配的イデオロギーの役割を果たし、全国の民衆の感じ方や考え方までを完全に支配下に置いたのは、昭和一〇年代だったと言う[21]。

斎藤は、この時期に政府や軍部のブレーンとして桜と大和心(日本精神)を結びつける思想を論文や講演などを通じて国民に徹底的に浸透させた「総元締め」は、当時の東京帝国大学国史学科助教授(のちに教授)の歴史学者、平泉澄《きよし》(一八九五—一九八四)であったと指摘する。

ここで重要なのは、散り際に焦点を当てた桜のイデオロギーがつくられる過程で、当時猛烈な勢いで植樹されていた染井吉野の光景が強く作用したということである。染井吉野が登場するまでの桜並木は「ぱっと咲いてぱっと散る」印象を与えるものではなかった。各々の樹の開花がちょっとずつずれ、散るときも一緒ではなかったからである。佐藤俊樹は、染井吉野の登場以前は、「散る桜よりも、咲き続ける桜の美しさのほうを重視していた」と言う[22]。染井吉野の大量植樹によって生まれた「いっせいに咲いて、花吹雪のごとくいっせいに散る」桜の光景は、散り際を強調する軍国イデオロギーを国民に浸透させるためには、いかにも好都合なイメージを提供した。

実際には、宣長が詠んだ桜や「花は桜木……」で表現された桜はヤマザクラである。しかし、軍国イデオロギーに使われた桜のイメージはもっぱら染井吉野であった。

日本社会がひとつの桜に覆われていったとき、それと並行して「桜の社会神話」に基づいた「桜イデオロギー」が人為的につくられ、国民全体に浸透していった。それはきわめて強力に、効果的に作用した。

戦争下で消えた桜

このような桜イデオロギーの支配する空気に対し、桜の会の面々はどう反応していたのであろうか。注目すべき出来事がある。会報「桜」に長年寄稿し、桜の会とも深い関わりのあった国語学者、山田孝雄が戦前、桜イデオロギーに強い異論を唱える論考を書いていたのである。その記事が、山田の寄稿をまとめた名著『櫻史』に収録されている。

「日本精神と本居宣長」[23]と題して、もとは一九四一(昭和一六)年一月の朝日新聞に寄稿されたその論考で、山田は冒頭に宣長の「敷島の……」の和歌を掲げたうえで、次のよう述べている。

櫻はわが国の国花だといひ、そして日本精神の象徴だともいふ。……しかしながら、櫻花がいかなる点において日本精神の象徴であるかといふことになると、近頃世に行はるる説には首肯しがたいものがある。……櫻の花が潔く散るとか、あるいは武士道に一致するとかいふやうな理屈から説くといふことは、真の櫻花を認めたものとはいふことが出来ない。

そして山田は、正しい桜の見方は花の麗しさをただ愛でることのみであると指摘し、「道徳観から説いたり、哲学から論じたりすることは今の世に歓迎せられるかも知れないが、それは真の日本精神といふものを考へて来ると賛同し得ないものである」と言っている。

山田はまた、これに先立つ一九三八(昭和一三)年にも「花は桜木　人は武士」の諺について、『中央公論』に、桜と武士道の精神を結びつける説は根拠がない、とする論考を書いている。そこには桜の散り際を強調する風潮についても、「散るといふことはいづれの花にもある現象であって櫻の特色であるとはいはれまい」と、きっぱりと否定する意見が書かれている。

山田の言説について斎藤正二は、全体主義に覆われた昭和一〇年代にこのような意見を述べるのは「よほどの英知と勇気がなければできなかった」と言い、「山田はきらりと輝く合理主義的な眼差をもっていた」と賞讃している。

山田の主張は個人のものであって、桜の会の意見の代弁ではない。しかし、「ひとつの桜」に染まることに抵抗して「多様な桜」を重んじ、その保護のために行動を起こした桜の会や舩津、三好らの姿勢には、桜イデオロギーに異論を唱えた山田の姿勢に通じるものがある。どちらも単色に塗られていく時代の趨勢に逆らい、失われる大切なものを守ろうとして声をあげる姿勢だからだ。

しかし、全体主義の大波は、少数派をのみ込んでいく。

一九三一(昭和六)年の満州事変発生、翌年の満州国樹立宣言、そして一九三三(昭和八)年の国際連盟脱退、と日本は国際社会で孤立化の道を歩み、同様に国際連盟を脱退していたドイツ、イタリアと一九三六(昭和一一)年に日独伊防共協定(後の軍事同盟)を結ぶ。翌三七(昭和一二)年には日中戦争が勃発し、太平洋戦争は目前に迫っていた。

山田の声は結局、「社会思潮全体の放つ轟《とどろ》きの音にかき消されて」しまい、「孤立無援に終わった」のである。[24]

桜の会もまた、軍靴の音が大きくなるにつれてしだいに軍事色に染まり、ついに国策にのまれていく。

　一九四〇(昭和一五)年発行の「桜」二一号には「時勢の変化と共に、例会等も「さくら、さくら」等を唄ってゐる様な気分でおられなくなった」とある。そして、会員の寄付による桜の盆栽が、東京市公園課を通じて「防共締盟国」のドイツ、イタリア両国と満州に送られた、と記されている。

　太平洋戦争の開戦後は、会合の開催すら難しくなる。一九四二(昭和一七)年四月の会合は空襲警報下で開かれ、中断しながら会を終えたようすが記録されている。

　この年に発行された「桜」二二号は、軍事色一色に染まった。「花守人」のペンネームで井下清の書いた巻頭文は次の通りである。

　(日本軍の勝利の)根本を為すものは大君の御前に潔く散らんことを希ふ、神代依頼の櫻花精神が黙々の間に満ち溢れてゐるからである。朝日に照り匂ふ山櫻の崇高なる姿は一億国民の心意気であって、咲けばたゞ潔く使命を完うせんことのみを祈願とする国民性がある。
　　勝って　勝って　勝ち抜かう
　　一億一心　火の玉となって!!

同じ号に掲載された鷹司信輔会長の論文のタイトルは「進軍桜」。鷹司は言う。

　屑《いさぎよ》く散り去る高潔なる性質が古来大和心の象徴として武士精神に通じてゐるが為に、櫻は今次の大東亜戦争完遂下の皇国には無くてならぬもの〻一つに考へられてゐるのである。……櫻花今や爛漫として山野を覆ひ、大東亜戦争は征くとして可ならざるはなきの時に當り、われ等は櫻花を偲んで力強い感激に打たれること最も深いものがある。(25)

かつて、ひとつの桜か多彩な桜かをめぐって議論を戦わせた桜の会は、完全に桜イデオロギーに塗りつぶされてしまった。

多様な桜を愛した舩津静作はすでに一九二九(昭和四)年に亡くなり、三好学も一九三九(昭和一四)年に他界していた。日本中が「一億火の玉」の狂気に覆われていたなかで、桜の会は一九四三(昭和一八)年に最後の会報を出した後、自然消滅する。

桜イデオロギーは、戦争末期には日本軍の特攻作戦にまで利用された。

特攻隊は海軍中将大西瀧治郎(一八九一—一九四五)によって考案されたが、大西は一九四四(昭和一九)年一〇月にフィリピン・レイテ湾に初出撃した二四機を「敷島隊」「大和隊」「朝日隊」「山桜隊」と名づけていた。すべて本居宣長の和歌からとったのである。

また、特攻機の機体には白地に桃色の桜が描かれ、グライダーは「桜花」、爆弾は「桜弾」と呼ばれた。桜の咲く時期に出撃した隊員たちは、軍服に桜の枝を刺し、桜の枝を振りながら死の待つ任務へと飛び立っていった。(26)

幻の「大東亜共栄圏」のために海外で戦う日本軍の兵士たちがこうして忠誠心と潔い死を象徴する桜のイメージを徹底的に刷り込まれていたころ、国内では、靖国神社で何百本という桜が満開の花を咲かせていた。兵士たちは死ねばここで英霊になると教えられた。満開の桜は、ほとんどが染井吉野であった。

桜は日本を越えてアジアにも進出した。日本軍の侵攻とともに、各地に移植されたのである。朝鮮半島や満州、中国には何千本、何万本という単位で日本から桜が送られ、植樹された。これらも大半が染井吉野であった。

桜イデオロギーが導いたのは、破滅であった。敗戦とともに桜神話は死に絶え、大東亜共栄圏建設の野望も消え失せた。理性を失った桜神話の下で二六〇万人の若者が桜の花びらとともに散り、国内やアジア各国でも多大な犠牲者を出したのである。日本は廃墟と化した。

荒川堤の里桜は、舩津の死後、衰退がさらに進み、戦前の一九三八(昭和一三)年には品種の数は三二種まで減少していた。そして大戦と敗戦。戦後、わずかに残っていた桜は混乱のなかで伐採され、燃料用の薪となった。荒川の五色桜は全滅し、多彩な桜の広がりを夢見た舩津らの願いは、ついに消え失せたのである。

(1) 小川和佑『桜の文学史』文春文庫、二〇〇四年、七二ページ。
(2) Kuitert, Wybe, *Japanese Flowering Cherries*, Timber Press, 1999, p.22–24
(3) 大貫恵美子『ねじ曲げられた桜——美意識と軍国主義』岩波書店、二〇〇三年、四五、四七ページ。
(4) 山田孝雄『櫻史』講談社学術文庫、一九九〇年、三〇ページ。
(5) 前掲『ねじ曲げられた桜』一〇八ページ。

（6）前掲『桜の文学史』四七ページ。
（7）奥田実、木原浩（写真）／川崎哲也（解説）『日本の桜』山と渓谷社、一九九三年、四ページ。
（8）平塚昌人『サクラを救え――「ソメイヨシノ寿命六〇年説」に挑む男たち』文藝春秋、二〇〇一年、九〇ページ。
（9）勝木俊雄『桜』岩波新書、二〇一五年、四一ページ。
（10）前掲『サクラを救え』九〇―九二ページ。
（11）これは佐藤俊樹『桜が創った「日本」――ソメイヨシノ 起源への旅』岩波新書、二〇〇五年の主要な論点である。
（12）前掲『桜が創った「日本」』八八ページ。
（13）雑誌「桜」昭和版第三巻、有明書房、一九八一年。
（14）樋口恵一『ワシントン桜のふるさと 荒川の五色桜――「江北桜譜」初公開』二〇一三年、東京農業大学出版会、二〇一三年、四一ページ。
（15）前掲 *Japanese Flowering Cherries*, p.78
（16）前掲『サクラを救え』一四八ページ。
（17）この節は江北村の歴史を伝える会編『江北の五色桜――舩津資料からみる日米桜友好一〇〇周年』江北村の歴史を伝える会、二〇一五年、同編『江北の五色桜――荒川堤の桜ガイドブック』同、二〇〇八年、前掲『ワシントン桜のふるさと 荒川の五色桜』に基づいて書かれた。
（18）雑誌「桜」昭和版第二巻、有明書房、一九八一年。
（19）前掲『ねじ曲げられた桜』一七五ページ。

(20) 前掲『ねじ曲げられた桜』第二部第七章。
(21) 斎藤正二『日本人とサクラ――新しい自然美を求めて』講談社、一九八〇年、一一〇ページ。
(22) 前掲『桜が創った「日本」』一三三ページ。
(23) 前掲『櫻史』附録。
(24) 前掲『日本人とサクラ』一三一ページ。
(25) 「桜」二一号と二二号は、前掲の雑誌「桜」昭和版第三巻、収録。
(26) 前掲『ねじ曲げられた桜』二五八ページ。

第五章

イギリスで生き延びた桜

軍部は、ドイツ軍の上陸は確実だと見ている。敵は空と陸の双方から攻めてくるだろう。われわれホームガード（国防市民軍）の任務は、軍本隊が到着するまでのあいだ、敵の進行を少しでも遅らせることである。[1]

バトル・オブ・ブリテン

一九四〇年八月二五日、五九歳の指揮官イングラムはベネンドン・ホームガードのメンバーを招集し、ドイツ軍侵攻の際の手際について指令を出していた。

ドイツ軍上陸時には、村じゅうの教会が鐘を一五分間継続して鳴らすことになっていた。鐘が鳴ると同時にホームガードはライフル銃と火炎瓶を携行し、指定の「戦闘地点」に直行すること、主要道路に設置されている防塞を確認し、周辺の灌木の茂みなどに隠れて待機すること。「敵に奇襲をかけるゲリラ攻撃が大切だ」――イングラムは緊張した面持ちで伝えた。

すでにベネンドン上空では、七月なかばから航空戦「バトル・オブ・ブリテン」がはじまっていた。飛ぶ鳥を落とす勢いで大陸諸国を侵攻していたヒトラーは、次のターゲットであるイギリス上陸を前に、制空権を獲得しようとしていた。ベネンドンはイギリス海峡の海岸線からわずか二四キロ。事態は緊迫していた。

村に完全な灯火管制が敷かれたなか、ホームガードは毎晩、交代で午後九時から翌朝五時まで、暗闇に沈んだ村のパトロールを続けていた。不審な出来事があればすぐに指揮官のイングラムに連絡が行くことになっていた。

「夜間の警戒はホームガードの主要任務のひとつ。気を引き締めてパトロールにあたられよ！」

イングラムはこう、ハッパをかけた。

このような事態を迎え、イングラムは桜の研究どころではなくなった。しかし、彼はこのとき、愛国心に燃えていた。イングラムは普段は政治的な人物ではなかったが、戦争がはじまると、他の大勢の国民がそうであったように「打倒ヒトラー」を叫び、「祖国を守る」との使命感をもっていちはやくホームガードに志願した。「悪の権化」のナチスは倒されなければならなかった。

チェンバレン前首相によるドイツへの融和政策が失敗し、開戦後の一九四〇年五月に政権をとった強硬派ウィンストン・チャーチル（一八七四―一九六五）首相がヒトラーへの徹底抗戦を宣言すると、イングラムも全面的にチャーチルを支持した。

しかし、夜中のパトロールはきつい任務であり、期間が長引くにつれてメンバーから不平も出はじめた。

パトロールは退屈で、必要ないと思う者がいるかもしれない。しかし、油断すれば、ヒトラーに侵略のスキを与えることを忘れるなかれ!(一九四〇年八月末~九月初め)

イングラムはホームガードへのスピーチでこう、気勢をあげた。

バトル・オブ・ブリテンは壮絶であった。家族ぐるみで交流があり、ザ・グレンジを何度も訪ねたことのあるパトリシア・ソバンは、当時一三歳。イギリス南西部、サマセットにある全寮制の学校に入っていたが、夏のあいだは帰省しており、自宅の庭から戦闘を見た。

「ドイツ軍の戦闘機が編隊を組んで上空に飛来すると、反対側からイギリス軍の戦闘機が突っ込み、隊形を崩すのです。散り散りになった双方の戦闘機が上に下にと旋回しながら闘うのが見えました」

ザ・グレンジの敷地内に住むルース・トルハーストは当時、一四歳。彼女も全寮制の学校から帰省していて戦闘を目撃した。

「友だちと一緒に表に出て、上空の闘いを見ました。若かったので怖いとは思わず、空に向かってみなで大声をあげてイギリス軍を応援しました」

ときおり、撃墜された戦闘機がベネンドンに落下した。ソバンの家の近くの野原にも、誤って味方同士で衝突したイギリス軍戦闘機が二機、墜落した。パイロットは二人とも即死。しかし、なかには運よくパラシュートで生還したパイロットもいた。

戦時下のベネンドン

戦闘機墜落は、イングラム邸のザ・グレンジにも及んだ。

八、九月はベネンドン上空で激しい空中戦が展開されて、敵味方双方の戦闘機が何機か村に墜落した。一機は、わが家の正門に激突した。

イングラムは、この年一一月一〇日付でオーストラリアの親戚に宛てた手紙で、こんな不穏な出来事を知らせている。手紙には被害の程度については書かれておらず、イングラムの残した数多くの資料にも、事故についての詳細な記述は見当たらない。また、現存する家族も事故の被害は知らない。

しかし、ダメージは正門の近くにあった桜園の桜にも及んだものと思われる。平時はザ・グレンジの中で完璧に守られていたイングラムの桜は、唯一このときだけ、大きな危険を経験したのである。

イングラムはこの手紙で、「先ごろ、パラシュートで落下したドイツ軍パイロットを捕える栄誉にあずかった」とのエピソードも綴っている。

パイロットは衰弱しきっていて何の抵抗もせずに降参してきた。とても哀れで、あまり後味のいい体験ではなかった。

捕虜への対応もホームガードの役目。イングラムは軍に連絡し、パイロットを引き渡した。

ドイツ空軍はバトル・オブ・ブリテンで当初、空中戦と同時にイギリスの軍事基地や軍需工場を猛爆撃し、優勢を保っていた。しかし、八月末にドイツ機がロンドンを誤爆するとイギリス軍がベルリンを報復爆撃したため、九月に入ってドイツはその再報復として、ロンドンを集中爆撃（ブリッツ）した。これがターニング・ポイントとなる。イギリス軍はそのあいだに態勢を立て直し、以後の戦闘に背水の陣で臨んだ。

国民の士気も高く、たび重なる空爆にめげることなく、ヒトラーに立ち向かうことの正義感にあふれていた。

「イギリスの勝利を一日たりとも疑ったことはありません」

トルハーストは八九歳の今、当時を振り返って力強く言った。対ソ連戦も準備しなければならなくなったヒトラーは、ついに一九四〇年九月末、イギリス上陸作戦の無期延期を決定する。

バトル・オブ・ブリテンはイギリスの命運をかけた戦いであり、大戦中のヒトラーの侵攻を防ぐ重要な布石となった。そのことをイギリス国民は今日でも非常に誇りにしている。ケント州ベネンドンの住民たちも、上空で戦われた戦闘の光景を見ながら強い愛国心を育み、団結力を発揮したのである。

戦後、ベネンドンの教区教会、聖ジョージ教会の牧師を務めたジェソップ・プライスの息子、アントニーが、バトル・オブ・ブリテンの後日談を教えてくれた。

プライスによれば、戦闘でベネンドンに墜落したドイツ軍戦闘機のパイロット三人が死亡し、遺体は荼毘に付されることなく聖ジョージ教会の敷地に埋葬された。その三人が戦後二〇年以上経ってから、ドイツに「帰還」したという。

「一九六〇年代になって、ドイツ政府から三人の遺体を引き取りたい、と父に連絡がきたのです。そこで墓を掘り起こして、遺体はドイツ政府の役人に引き渡されました」

戦時中に三人を埋葬し、戦後、掘り起こしの作業にあたったのは、教会の隣のザ・グレンジで住み込みの庭師としてイングラムの桜園管理を手伝っていたシドニー・ロックであった。

戦争はこの後五年弱続き、ベネンドンの非常態勢は続いた。全寮制の名門私立女子校、ベネンドン・スクールは南西部のコーンウォールに疎開し、空《から》になった校舎は大規模な軍事病院として使われた。多数の傷病兵がここに運ばれ、治療を受けた。

銃後を守る女性たちは、「婦人地上軍(ウィメンズ・ランド・アーミー)」に参加して、農作業に従事した。戦争が長引くにつれて国内の食糧不足が深刻化したからである。ケント州でも約四二〇〇人が志願し、ベネンドンの女性たちも、畑でトラクターを運転するなど力仕事に励んだ。(2)

イングラムは二年余、ホームガードの指揮官を務めた後、任務を降りて後任に譲る。それ以降もホームガードのメンバーとしてパトロールのローテーションには加わっていたが、合間をみて桜の研究を少しずつ再開した。戦後に本格的な桜の本を出版することを念頭に、時間の許す限り、ザ・グレンジの屋根裏の書斎に上がって桜の観察記録やスケッチを書きためたのである。

ヒトラーは、イギリス上陸作戦(アシカ作戦)を完全に断念したわけではなかった。バトル・オブ・

ブリテン後もドイツ空軍は執拗にロンドン空襲を続け、バーミンガムやブリストル、ノッティンガムなど他の都市も多数、空爆した。ベネンドンの上空を通って空爆に向かう爆撃機の轟音を、イングラムは日々、耳にしていたであろう。桜園にさらなる被害が加わることを恐れ、気が気ではなかったにちがいない。

さらに、家族の安否の心配もあった。

イングラムの息子三人は、みな戦場に行っていた。陸軍の職業軍人になっていた二六歳の三男、アレスター（一九一三―七五）は、大戦勃発直後に植民地の香港へ派遣された後、ヨーロッパに戻ってイタリアで闘っていた。また、三一歳の医師の二男、マーヴィン（一九〇九―九三）は従軍医師として北アフリカ戦線に出向いており、三三歳の長男、アイヴォー（一九〇七―九〇）も空軍の志願予備兵として参戦していた。

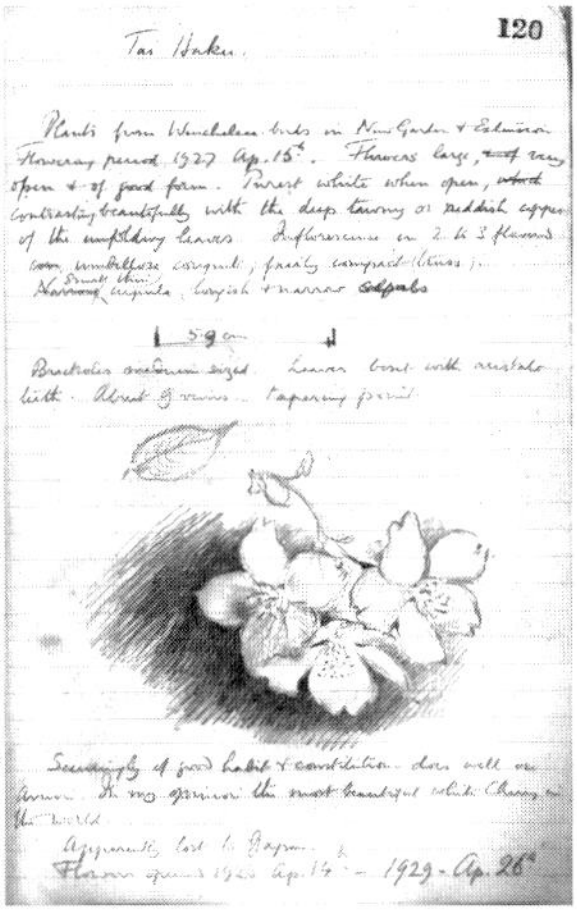

イングラムが 戦時中に書きためた桜の観察記録のうち‘太白’の部分（イングラム家提供）

大戦末期、劣勢に立たされたナチス・ドイツは、起死回生を狙ってひそかに開発していた新型ミサイル兵器、「V‐1」を大陸からイギリスに向けて多数発射した。

V‐1は現代の巡行ミサイルの始祖ともいえる兵器で、けたたましい唸り音とともに空高く飛来し、エンジンが止まると同時に爆発して大きな被害を与えたため、住民を恐怖に陥れた。

イギリス人はこれを「飛行爆弾」、または「ドゥードゥルバグ(アリジゴクの意)」と呼んだ。

V-1ミサイルは主にロンドンに向けて発射されたが、目的地に届かず途中で落下し、爆発するケースも多かった。ベネンドンにも三二基が落下し、村人五人が巻き添えにあって死亡した。

「牧場に落ちて家畜が被害にあうこともしばしばでした。わが家でも両親のもっていた牧場が破壊されて牛や馬が死にました」

パトリシア・ソバンの回想である。

イギリス空軍はV-1の迎撃・撃墜に多くの時間を割かれることになった。

この後ドイツは、V-1よりもさらに新鋭のV-2ミサイルをイギリスのほか、解放されたばかりのフランスやベルギーに向けて発射する。超音速で前触れもなく飛来するV-2は迎撃不可能で、連合国を悩ませた。

しかし、大勢はもはや、決まっていた。一九四五年春、連合軍がドイツ侵攻を開始すると、ヒトラーは四月三〇日に自殺。五月七日、ドイツが降伏してヨーロッパにおける大戦は終了する。

生き延びた桜園

「ノー・モア・ウォー！(戦争は終わりだ！)」

「ノー・モア・ブラックアウト！(灯火管制もおしまい！)」

停戦のニュースと同時に、ベネンドンの住民たちはいっせいに表に飛び出し、深夜まで歌をうたい、踊り合った。イングラムもほっとひと息ついていた。

ザ・グレンジの桜は、大戦中の五年間に、上空の激しい空中戦を目撃し、戦闘機の墜落事故の被害にあうという経験もした。また、爆撃機の往来を始終、頭上に聞いた。しかし、一部傷ついた桜があったとしても、結局、多くは無事に生き延びたのである。

終戦時には、〝菊桜〟や〝普賢象〟など遅咲きの桜が花をつけていたであろう。五年ぶりの平和な春を告げる桜の花は、どんなにかイングラム一家とベネンドンの住民たちに安堵と喜びを与えたことであろうか。

このころ、太平洋戦争最末期の日本では破壊が進んでいた。そしてわずか数か月後には、桜の祖国は敗戦を迎える。桜は全国各地で伐採されて薪と化し、荒川堤の里桜も全滅する。

勝利を祝うイギリスの桜と、敗戦下で滅びゆく日本の桜。勝者と敗者に別れた両国の土の上で、桜もまた、明暗を分けた。

それにしても、イングラムの桜園で、日本で消滅したたくさんの桜が生き残ったことは、驚異である。イギリスに渡った桜は戦争の宣伝に使われることもなく、ザ・グレンジで静かに生き延びたのであった。

戦争が終わり、出征していた三人の息子たちも無事に帰還したが、イングラム家にはまだ大きな懸案事項が残っていた。

三男アレスターの婚約者、ダフニー(一九一四―二〇〇八)が香港で日本軍の捕虜となっていたのだ。

ダフニーは看護婦として一九四〇年、香港の軍事病院に赴任していたが、日本軍の香港占領とともに

アレスターとダフニーの結婚式(1947年1月7日，イングラム家提供)

に捕虜となり、三年以上も捕虜収容所で生活していた。アレスターはヨーロッパでの大戦当初、短期間香港に派遣されたときにダフニーと出会い、結婚を約束する仲になっていた。アレスターは日本軍の香港侵攻前にヨーロッパへ呼び戻されていたので、ダフニーだけが残り、捕虜となったのである。一九四五年八月、日本の降伏によって収容所が解放されると、ダフニーは三か月後の一一月、ようやくカナダ経由の船で帰国。二人は四年ぶりに再会した。

一九四七年一月、アレスターとダフニーはイギリスで結婚した。アレスターは陸軍の職業軍人だったため、結婚後もドイツやリビア、エジプトなどイギリスの海外の基地に派遣され、新妻も同行した。その間、四八年に長女ヘザー、五〇年には長男ピーターが誕生し、夫婦は幸福な家庭を築いていた。

五三年にアレスターが陸軍を退職し、一家はイギリスへ戻る。ちょうどそのころ、イングラムの農場を世話していたルース・トルハーストの父親、アルバートが老齢に達したため、アレスターが農場を引き継ぐことになった。一家はこの後、ザ・グレンジの裏手に住み、イングラム夫妻と日々行き来したり、旅行に行ったりと、きわめて密接な関係を保つ。

アレスター一家がまだ海外に住んでいた一九四八年、イングラムは念願の桜の著書 *Ornamental*

Cherries（『観賞用の桜』）を出版した。本はハードカバーで全二五九頁。桜への愛情と熱意のすべてを注ぎ込んだ、イングラムの三〇年にわたる観察と研究の集大成であった。

信条や階層、肌の色にかかわらず、桜を植えたすべての人々に、この本を捧げる。あなた方はよき意思をもって、あるいはそれを自覚することなく、（桜を植えることで）この世の中をより美しく、より快適な場所にしたのです。

本を開くと、まずイングラムのこんな言葉が目に飛び込んでくる。

読者対象は、桜の知識をほとんどもたない一般人と、植物学者など植物の専門家の双方。桜の性質や植え方、育て方などを初心者にわかりやすくていねいに説明すると同時に、桜の分類学の歴史や品種の学名についての専門的な議論も展開している。

また、一〇〇〇年以上に及ぶ日本の桜文化史にふれ、里桜が江戸時代に発展し、明治維新後の近代化で失われていった過程や、消滅する桜の救済活動を行った人人について、清水謙吾らの名前をあげてつづっている。

イングラムの著書 *Ornamental Cherries* の表紙（著者撮影）

Ornamental Cherries の最初のページ．イングラムは，彼のイニシャルの CI をサクランボの形にしたロゴを好んで使った

圧巻は、ザ・グレンジの桜園での観察に基づいた、野生種と栽培種(里桜)一つひとつについての詳細な解説である。イングラムは野生の桜に関しては、日本の一〇種類の桜以外にも、中国やネパールなどに自生する桜ももっていたため、本では計六九種類を取り上げている。

里桜はすべて日本の桜である。品種を花の色によって白、薄いピンク、濃いピンク、緑か黄、の四グループに分け、計六〇種類の里桜について記述した。日本での収集の体験談も交えた文章には生き生きとした説得力があり、自ら撮影した写真のほか、自作の花のイラストをカラーで多数、加えてあるため、魅力あふれる本となった。

合計一二九種類の桜を総合的に紹介したこの著書は、ヨーロッパでは初めての本格的な日本の桜の解説本であった。今日に至るまで、世界じゅうの桜愛好家や研究者にとって、最も基本的な「バイブル」であり続けている。

この本の最大の特色は、取り上げた桜はすべて、イングラム自身が収集し、自宅の桜園で育て、観察して一本一本、品種名を特定していった桜であるということだ。

平和な風景の陰に

第二次世界大戦後、イギリス内外の事情は激変した。国内では、戦争を強力に主導した保守党のチャーチル首相が、ヨーロッパでの大戦終了直後の総選挙で労働党に大敗し、本格的な労働党政権が誕生した。帝国主義者のチャーチル首相は帝国の権威保持に固執し、戦前から続く労働者運動の大きなうねりを見誤ったのだ。

労働党政権の下で、中央銀行や重要産業が国有化されたほか、無償の国民医療制度ができた。金持ち階級の所得税率は戦時中に九九・二五％に達していたが、戦後も戦費のツケと「福祉国家」建設のコストをまかなうため一向に下がらず、イングラム一家も大きな影響を受けた。

イングラムの孫ヘザー・バワー(2015年5月19日，イギリス南部ハンプシャー州で，著者撮影)

海外では一九四七年、最大の植民地であったインド帝国がインドとパキスタンに別れて独立。大きな柱を失い大英帝国の崩壊は決定的となった。その後雪崩を打ってビルマやマレー半島など他のアジアの植民地も消失し、イギリスは権威を失墜していく。五〇―六〇年代にはアフリカの植民地も続々と独立した。
このような激動の時代ではあったが、ベネンドンには戦後、平和な風景が戻った。アレスター一家がザ・グレンジの近くに住むようになって、イングラム家にも平穏と幸福が訪れた。
「グランパのところにはしょっちゅう、遊びに行きました。桜園の周りで友だちや弟とかくれんぼなどをして遊んだものです」
アレスターとダフニーの長女、ヘザーは一九五〇年代のザ・グレンジの光景をよく覚えている。一家がイングラム邸の裏手の農場に移り住んだとき、ヘザーは八歳であった。アレスターは農場で麦や果物のブラック・カラントなどを作り、乳牛や羊など家畜も飼っていた。ヘザーは二歳年下の弟、ピーターと一緒にザ・グレンジの桜園を通りぬけて、牛乳やクリームを祖父母に届けた。

イングラムには一二人の孫がいたが、彼は特に、快活で植物の好きなヘザーを可愛がった。庭の温室にはふつう、子どもは入れてもらえなかったが、ヘザーだけは中に入ることを特別に許された。

「狭い温室には鉢植えがところ狭しと置いてあって、グランパはひざまずいて花の名前を教えてくれました」

イングラムは温室でぶどうのつるも育てており、実がなるとヘザーに食べさせた。ぶどうは種が多くて実はあまりなかったが、その少しの実はとびきり甘かったことを、四〇年近く経った今も彼女は覚えている。

春から夏のあいだは、アレスターが農場から羊の群れをザ・グレンジに連れて行った。桜園の下の芝生を食べさせるためだ。当時はまだ電動式の便利な芝刈り機はなかったため、伸びた芝生の始末は羊たちが自然に食むことに任せた。桜の樹々の下では鶏が走り回り、のどかな光景が広がっていた。

アレスター一家は毎年、決まってイングラム夫妻と一緒に夏の休暇をスコットランドで過ごした。ダフニーとイングラムの関係も、うまくいっていた。ダフニーは義父を「チェリー」と呼び、ロブスターが大好物の「チェリー」をよく車に乗せて、南部の海岸の街、ヘイスティングスまで新鮮なロブスターや魚を買いに行った。そんなとき、イングラムはダフニーを骨董店に連れて行き、アンティークの家具を買ってやった。

しかし、ダフニーは心の奥深くに、深い闇を抱えていた。それは大戦中に日本軍の捕虜となったことが原因だった。ダフニーは捕虜時代の体験を戦後、何十年ものあいだ、家族のだれにも話さず、自分ひとりの胸の中にしまっていた。しかし彼女の苦しみは、一九六〇年代以降にイギリスで人気を集めた日本製の車や電気製品の購入をいっさい拒絶し、日本関係のものからは目をそむけるという姿勢に表れていた。

ダフニーは植物が好きで、農場の一角に好きな花や花木を植えてガーデニングを楽しんでいた。そんな義理の娘にイングラムはザ・グレンジの庭園にあった野生のシクラメンやギンバイカ(銀梅花)、ゴジアオイ(午時葵)などたくさんの花を分け与えた。

しかし彼女は、義父の愛した日本の桜の苗だけは、決して受け取らなかった。

一家は農場にイギリス原産のセイヨウミザクラの果樹園をもち、サクランボを収穫していたが、日本の桜は最後まで一家の庭に植わることはなかった。義父には何も言わなかったが、ダフニーは日本の桜を自分の生活空間に取り入れることは、どうしてもできなかったのである。

母親が捕虜時代に何を見、経験したのかについて、子どもたちのヘザーとピーターもまったく知らなかった。二人は戦後六二年を経た二〇〇七年になって初めて、母親の苦悩を知る。ダフニーは、大戦中のイギリスの従軍看護婦についての本をまとめるために取材に来た女性ジャーナリストに、初めて暗い記憶の数々を語ったのである。このとき彼女は九三歳。人生の最晩年を迎えていた。

このジャーナリストは、戦争中の出来事を女性たちの体験から描くことで知られるケント州在住のニコラ・タイラー。ダフニーへのインタビューは二〇〇八年に出版された著書、『シスターズ・イン・アームズ（従軍看護婦）』の中で詳しく紹介された。

『シスターズ・イン・アームズ』の記述を基に、ダフニーの体験をここに記しておきたい。

「黒いクリスマス」

香港は、アヘン戦争によって一八四二年にイギリスの植民地となって以来、極東でのイギリス資本主義の拠点として栄えていた。

また、大英帝国の重要な海軍基地でもあり、太平洋戦争開戦時、イギリスの陸・空軍部隊に加えてインド人による連隊とカナダ人部隊が駐屯し、さらに現地の中国人らによる「香港義勇軍」も形成されていた。

ダフニーは看護婦として一九四〇年九月から、香港島北西部のビクトリア湾を望む地にあった香港最大の軍事病院、ボーエン・ロード病院に赴任していた。当時彼女は二六歳であった。

香港赴任前、ケント州の軍事病院に勤務し、「ダンケルクの戦い」（一九四〇年五―六月）の傷病兵の看護に不眠不休であたっていたダフニーにとって、香港での生活は当初、ウソのように楽で、自由時間も十分あった。イギリス陸軍兵として赴任していた将来の夫、アレスター・イングラムともこのころ知り合い、一緒にヨット遊びやテニスなどを楽しんでいた。

しかし、翌年一二月の日本軍の侵攻によって、すべてが変わる。

一九四一(昭和一六)年一二月八日、真珠湾攻撃とともに日本が宣戦布告して太平洋戦争がはじまると、日本陸軍航空隊は中国・広東省から香港の啓徳飛行場を奇襲攻撃。同時に陸軍各部隊が九龍半島に侵攻して、またたく間に占領した。その後香港島に上陸した日本軍はイギリス軍のゲリラ攻撃にあっていっとき苦戦するが、香港島唯一の貯水池を破壊して給水を完全に断ってからは、優勢に立った。イギリス軍はクリスマスの二五日に降伏し、香港はわずか一八日間で日本軍の占領下となった。この日は「黒いクリスマス」として歴史にその名をとどめることになった。

ダフニーはこの間、迫りくる日本軍の攻撃の恐怖を体験した。

彼女は開戦と同時に、香港島中部の聖アルバート修道院につくられた野戦病院に派遣され、日々砲撃の音を聞きながら、増え続ける負傷者の看護にあたっていた。

一二月一八日の昼前、病院敷地内の看護婦用食堂が大爆音とともに日本軍の砲撃に遭う。昼食の準備をしていた同僚のブレンダ・モーガンは即死。近くにいた上司の婦長、キャサリーン・トムソンも負傷した。ダフニーはその日は夜勤だったため、たまたま地下に避難していて難を逃れた。この五日後、病院は日本軍に占拠され、全員が捕虜となる。

「香港の戦い」開戦の一二月八日からイギリス軍が降伏した二五日までのあいだに、香港の各所で日本軍による残虐行為があったことは、生存者の証言や戦後の国際軍事裁判、関係各国の調査、多数の研究者の調査研究などで明らかになっている。

なかでもイギリス軍が降伏した「黒いクリスマス」の日に聖スティーブンス中・高等学校で起きた虐殺・強姦事件は、最も残忍な事件のひとつとして戦後、国際社会で広く知られるところとなった。

香港島最南端のスタンレー地区にあったこの学校は、開戦直前に野戦病院となっていた。香港島北部からの日本軍の猛攻勢によって、イギリス軍は南部へ後退を迫られ、やがて戦闘は病院近辺にまで及んだ。イギリス軍は病院周辺や敷地内にも陣地を設けて日本軍の攻撃に応戦したため、病院自体が戦場となってしまった。

以下に記す事件の内容は一九九七年一月、イギリスの権威ある学術誌'Journal of Contemporary History（近代史誌）'32(1)に掲載されたカナダ・オンタリオ州マクマスター大学のチャールズ・G・ローランド教授（医学史）の論文"Massacre and Rape in Hong Kong（香港での虐殺・強姦事件）"に基づく。この論文は極東軍事裁判記録や香港、イギリス、カナダ各政府公文書記録、他の研究者らの論文と著作、さらにローランド教授自身が生存者に接触して得た証言などに基づいて書かれた。なお、ニコラ・タイラーの『シスターズ・イン・アームズ』も参照した。

二五日に起きた事件は、午前五時半ごろ、日本軍兵士一五〇―二〇〇人が病院に突入し、出迎えて降伏しようとしたジョージ・ブラック大佐を銃殺した後、病院内に押し入り、ベッドに寝ていた傷病兵五〇人以上を次々に銃剣で惨殺した――というものである。

この後日本兵は、傷病兵の看護にあたっていた女性たちを階上の部屋に閉じ込め、中国人女性五人を繰り返し強姦し、イギリス人女性三人も強姦した後、銃剣で惨殺。中国人女性らも殺害されたと見られている。さらに四人のイギリス人女性が輪姦されたが生き延びた。

被害にあった女性たちは、従軍看護婦のほかに、中国人やイギリス兵の妻らによる「救急看護奉仕隊」のメンバーであった。彼女たちは開戦後の看護婦不足に対応して、急きょ設立された奉仕隊に志願し、各地の野戦病院で看護業務にあたっていた。事件当時、全員が看護服を着用し、赤十字の腕章をつけていた。

一方、病院内の残りの男性たちは小さな部屋に集められ、三〇分―一時間おきに一―二人ずつ廊下に連れ出されて、順番に銃殺された。

日本軍は後に、傷病兵に銃を発射したことについて、病院の敷地から日本軍に向けて発砲があったことや病院内に武装兵がいたことをあげて、「傷病兵が本物の病人なのか、病人を装った武装兵なのかがわからなかった」と弁明した。(3)

しかし、医療スタッフや傷病兵が多数、暴行・殺害されたこの事件は、イギリス側を驚愕させた。戦争中といえども傷病兵や医療スタッフには危害を加えないことや、捕虜には人道的な対応をとることは、国際的な合意であったからだ。

戦時中の傷病者や捕虜、文民を人道的に待遇し、保護することは、一八六四年から一九二九年のあいだに三回にわたって締結された赤十字条約(ジュネーブ条約)に明記されており、加盟した戦争当事国はこの条約を遵守していた。日本は傷病者の保護に関する条約には当初から加盟、批准していたが、捕虜の待遇を取り決めた条約は軍部の反対により批准していなかった。

「香港の戦い」では同様の残虐行為や強姦事件が他の複数の場所でも起きており、こうした事件の内容は、またたく間にダフニーら捕虜たちの耳にも入った。

ダフニーが見たもの

捕虜となったダフニーのその後の体験は、次のようなものである(4)。

イギリス軍の降伏後、ダフニーら看護婦と医師たちは、しばらくは聖アルバート修道院の病院で傷病兵の看病にあたった。他の野戦病院から多数の傷病兵が送られてきて、彼らの看護が必要だったからだ。

病院ではベッドが足りず、修道院の敷地内に建てられたテントに負傷兵が収容された。病院では食糧不足が大きな問題であった。当初は備蓄されていたパンと缶詰でまかなったが、それが底をつくと日本軍によってときおり供給されたコメを炊いて病人に食べさせたが、供給は十分ではなかった。

翌一九四二年の二月になると、ダフニーら医療スタッフは荷船で九龍半島の別の病院に移送された。そこはフランス人修道女の運営する修道院に作られた野戦病院であった。一二月八日の日本軍の攻撃で負傷した婦長のキャサリーン・トムソンはこのころまでには回復し、再び看護婦の取りまとめ役となっていた。

ダフニーらはこの病院につくと、最悪の衛生環境にショックを受ける。患者のあいだでは赤痢が流行りはじめていたが、日本軍から病人のための薬は与えられず、食事もわずかなコメが与えられただけ。ダフニーら看護婦は自分たちはほとんど食べ物を口にせず、コメをくだいて病人のために流動食をつくった。しかし、塩など調味料はまったくなく、患者の多くは味のない流動食を受けつけることができずに死亡した。
次に起きたのは、ジフテリアの流行であった。他の病院から運ばれてきた捕虜の一人が重いジフテリアを患っており、たちまち他の患者に伝染したのである。医療スタッフのための防護設備はなく、ダフニーたちはシーツを破いてつくったマスクをして看護にあたった。しかし、患者の多くは死亡した。日本軍は患者に必要な解毒剤をふんだんに持っていたが捕虜には与えられなかったため、トムソン婦長は毎日のように日本軍将校の詰め所へ行って薬の付与を懇願した。しかし、一度だけ期限切れの薬を少量、与えられたのみであった。

このような悪環境の下で、医師らは患者を楽にするために日本軍には内密で、病人に気管切開手術を行った。他の捕虜収容所から移送されてきた医師の一人が、靴下の中にナイフなどの医療器具を隠しもってきたため、それを利用して手術を施したのである。麻酔はなく、不衛生な環境下できわめて危険の大きい手術であった。

日を追って食糧不足が激しくなり、ダフニーら看護婦はお湯を飲んで空腹をしのいだ。

捕虜たちは記録をつけることを禁じられていた。しかし、トムソン婦長は捕虜が亡くなると、彼らの近親者の名前と住所をひそかに記録し、香料用の小さな缶の中に隠して保存した。戦後、婦長はこれをもとに遺族に死亡者の最期のようすを知らせる手紙を書いて、たいへん感謝されることになった。

その年の八月、ダフニーら看護婦は再び、香港島の収容所に移送された。移動先は、最南端のスタンレー地区に作られた「スタンレー捕虜収容所」であった。収容所の敷地は広大で、虐殺事件のあった聖スティーブンス中・高等学校の校舎も捕虜の宿舎として使用されていた。

看護婦たちはこの後三年間を、校舎で寝起きして生活することになる。収容所にはイギリス人のほかアメリカ人、ノルウェー人、オランダ人の捕虜がいて、民間人も含まれていた。

「戦争中の人の運命は、まったく運のなせるわざでした。もし私がシンガポールの収容所に送られていたら、恐らく生きて帰れなかったでしょう」

ダフニーは、タイラーにこう語っている。スタンレー収容所は、極東における日本軍の捕虜収容所としては、他の収容所ほど非人道的な環境ではなかったのである。捕虜たちは日本軍兵士を見かけたら深くお辞儀をすることさえ忘れなければ、敷地内を自由に歩き回ることができた。ダフニーはその理由について、収容所には民間人の子どもたちもいて、日本人の子ども好きの性向が影響したのではないかと推測している。

しかし、捕虜生活は厳しかった。食事は午前一〇時と午後五時の一日二回で、通常は少量の炊いたご飯とわずかな野菜の水煮のみ。たまにほんの少し肉か魚が与えられたが、基本的にたんぱく源はなかった。ダフニーらは日本軍から与えられたすり鉢とすりこぎを利用してコメをくだき、表で火を起こしてパンケーキのようなものをつくって空腹を癒したが、栄養失調は避けられず、体重は激減した。捕虜のあいだには下痢やかっけなどの病気が蔓延した。

三年間に、牛肉の缶詰などの入った国際赤十字からの差し入れが捕虜に届いたのは三度のみであった。

また、捕虜は当初、外部との通信をいっさい禁じられていた。看護婦たちが初めて、イギリスの家族に無事を知らせる手紙を書くことができたのは、一年後の一九四三年夏になってからである。

ダフニーが捕虜生活を共にした看護婦のなかに、モリー・ゴードンがいた。彼女は聖スティーブンス中・高等学校で起きた日本軍による虐殺・強姦事件で、集団輪姦の被害にあった四人のイギリス人看護婦の一人であった。ゴードンは事件の翌日、学校を訪れたイギリス軍将校に救われて現場を離れ、その後ボーエン・ロード病院で傷病兵の看護にあたった後、スタンレー収容所に送られてきた。

収容所生活をはじめたとき、すでに事件から八か月が経過していたが、ゴードンは心身ともに憔悴しきっており、事件現場の校舎での寝起きに堪えることができなかった。収容所で看護婦の責任者となっていた「ミス・ダイソン」は見るに見かねて、ゴードンの宿泊場所を敷地内の別の建物に移した。

ダフニーはよく、ゴードンを訪ねた。

「彼女は私よりもかなり年上のスコットランド人で、心身の状態は最悪でした。私は事件のことにはいっさい触れず、ただ一緒にお茶を飲んでたわいのないおしゃべりをしただけです」

ゴードンの心の傷は一生、癒えることはなかった。数年後に解放されてイギリスに戻った後、彼女は看護婦の仕事を続けることができず、引退してスコットランドのエディンバラに住んだ。ダフニーは彼女に会いに、エディンバラまで何度も足を運んだ。

ゴードンは戦後、極東国際軍事裁判の場で、自らの身に起きたことや惨殺された四人のイギリス人女性、中国人女性らのようすについて詳細に証言している。

ダフニーら看護婦にとってとりわけ屈辱的であったのは、彼女たちの職業的地位がまったく認められなかったことである。イギリスには、一九世紀なかばのクリミア戦争時に活躍したフローレンス・ナイチンゲール以来の従軍看護婦の伝統があり、彼女らの勇敢で献身的な仕事に対しては社会的に高い地位と評価が与えられていた。従軍看護婦は軍内で男性将校と同等の地位にあったのである。

しかし、日本軍にはそうしたイギリスの常識はまったく通用せず、看護婦らは暴行された上に虐殺事件後の遺体の処理や清掃など、後片付けを命じられた。また、収容所でも彼女たちは、敷地内に設けられたクリニックで看護業務にあたっていたが、男性捕虜が労働に対してわずかとはいえ給与を支払われていたのに対し、彼女らは最後まで無報酬であった。

収容所には売店があり、お金を持っていれば捕虜もピーナツや大豆などを購入することができた。しかし、報酬を支払われない看護婦はイギリス人の男性将校らがひそかに工面してくれた金銭を手にしない限り、何も購入できなかったのである。

『シスターズ・イン・アームズ』には、一九四一年一二月二三日にダフニーたちの働いていた聖アルバート修道院の野戦病院が日本軍に占拠された際、日本軍兵士が病院スタッフをライフルで殴るなど乱暴に扱ったことに対し、イギリス人看護婦長が「ジュネーブ条約を遵守して捕虜を人道的に扱うように」と求めたエピソードがつづられている。婦長は、占拠前の攻撃で負傷したキャサリーン・トムソンに代わって婦長職についたマリー・キュリーであった。

キュリーをめぐる次のような話を、ダフニーはタイラーに語っている。

聖アルバート修道院の野戦病院が日本軍に占拠される直前、負傷した日本兵が瀕死の状態で運ばれてきて、まもなく死亡した。敵ではあったが、キュリーはジュネーブ条約に準じて兵士に敬意を表し、部下の看護婦に命じて兵士の胸ポケットにあった日本の国旗を広げて遺体をくるみ、安置所に運ばせた。

キュリーは、イギリス人捕虜の人道的扱いを日本軍に要求した際、この話を伝えた。するとしばらくして、日本軍の指揮官が彼女に会いにきた。

「死んだ兵士は私の親友だった。彼の死に敬意を表してくれたことに感謝したい」

指揮官は涙ながらにこう言ったという。そして、次のように続けた。

「あなたがた看護婦は、みな勇敢で落ち着いているように見えるが、イギリス人女性は泣くことはないのか」

キュリーはこの質問に、毅然とした態度で答えた。

「従軍看護婦は、職務中に涙を見せることはありません」

三年間の収容所生活では、わずかではあったが楽しみもあった。ひと組の男女の捕虜が仲良くなり、結婚したのである。他の捕虜たちは配給された米で酒を造り、シャンペンの代わりにして祝った。また、赤十字からの差し入れの中にあったトマトやカボチャの種をみなで土に植えて育て、食糧の足しにした。捕虜のなかにはプロのピアニストがいて、学校のピアノを利用してコンサートを開いたこともある。そんなときには日本軍兵士の姿も聴衆のなかに見られた。

戦争末期、アメリカ軍機が誤って収容所を爆撃し、一四人の捕虜が死んだ。しかし、それは戦況が変わったことの証左であった。やがて食糧不足がいっそう厳しくなって電気の供給も止まったが、捕虜たちは戦争の終焉が近いことを感じつつ、ひたすら解放の日を待った。

香港侵攻時の日本軍の残虐行為については、戦後のイギリスによる軍事裁判で陸軍第三八師団歩兵第二二九連隊の田中良三郎連隊長と同師団第三八歩兵団長が、指揮下の部隊による捕虜や医療スタッフらの虐待、殺害を含む非人道的行為にかかわったとして起訴され、前者は禁固二〇年、後者は一二年の判決を受けた(5)。

前章では、日本国内で昭和一〇年代に、天皇に忠誠を誓い桜のように散る(死ぬ)ことを国民に求める「桜イデオロギー」が形成され、国じゅうを完全に支配したようすを見た。桜イデオロギーは大戦中に、無数の日本の若者を戦場で死に追いやったが、国外の侵攻先では、さまざまな残虐行為や非人道的行為の足跡を残していた。桜神話の生んだ狂気は、数えきれない人々を苦しみの中に陥れたのである。

イングラムの義理の娘、ダフニーは日本軍の捕虜として過酷な体験をした。連合国で日本軍の捕虜をいちばん多く出したのは、イギリスだったのである。捕虜たちが日本軍に虐待されたこと、なかでもタイとビルマを結ぶ泰緬鉄道の建設にかかわった捕虜たちが過酷な労働を強いられ、多数が命を落としたことは、よく知られた事実である。

日本軍の捕虜となったイギリス兵の死亡率はじつに二五％にのぼっていた(ドイツ軍の捕虜となったイギリス兵の死亡率は約五％)(6)。

捕虜問題は、戦後の日英関係のトゲとなって、長く尾を引くことになる。

六〇年以上も口をつぐんでいたダフニーは、初体面のニコラ・タイラーに自らの体験を一気に語った。

「家族には言えなかったことをジャーナリストに語ることで、母は気持ちが楽になったようです」

ダフニーの息子、ピーター・イングラムは私の取材に対してこう語った。

それにしてもダフニーは、義父のイングラムが日本を愛し、桜の研究に打ち込んでいたことについて、どんな思いを抱いていたのであろうか。イングラムもダフニーも、大戦中に桜が日本の軍国イデオロギーに利用されたことは、最後まで知らなかったであろう。しかし義父を「チェリー」と呼んだ彼女は、桜が日本の象徴であることをよく知っていた。

家族の話では、二人が日本について話題にしたことはなかった。「日本」は触れるべきテーマではないことを、二人は暗黙のうちに了解し合っていたのだ。

イングラムの桜園の桜は、イギリスで大戦を生き延びて、その後も長く、美しい花を咲かせ続けた。極東では桜イデオロギーのもとで何が行われていたのかを知らないままに。

イングラムの孫ピーター（2015年5月15日，ロンドンで，著者撮影）

故郷の日本では、戦中・戦後に多くの桜が空襲にあったり薪となってこの世から消えた。花をひきちぎられ、幹をナタで斬られて、桜は廃墟のなかで倒れたのである。まるで地獄の苦しみを味わった大勢の人たちの地の底からの怒りと涙を全身に浴びるかのようにして……。

イングラムの桜は、イギリスに「疎開」していて助かった。しかし、つらい体験と思いを胸にして帰国したダフニーが家族に加わって以来、桜園の桜は以前の美しさだけでなく、いいようのない「翳り」を帯びたであろう。ダフニーは辛抱強く過去に堪え、新たな人生を構築したが、義父の桜の苗は一生、受け取らなかったのである。

その翳りは、ダフニー以外のたくさんのイギリス人捕虜たちの思いも象徴していた。

ダフニーはしかし、心の奥に封印していた体験を語ることで、貴重な史実を後世に残した。『シスターズ・イン・アームズ』は二〇〇八年初めに出版され、著者のサイン入りの本がダフニーにも送られてきた。高齢で目を悪くしていた母親のために、息子のピーターが本を音読して聞かせた。

「母は自分の捕虜体験をようやく社会に伝えることができた、と安堵したようすでした」

とピーターは私に語った。

ダフニーは、自分の捕虜体験が世に出てから約一〇か月後の一一月二四日、九四歳九か月の生涯を閉じたのである。

(1) イングラムはホームガード指揮官として行った全スピーチの記録を残した。この節のイングラムの発言はその記録に基づく。
(2) Davies, Michael(comp.), *Benenden A Pictorial History*, 2000, CD edition, p.67–68
(3) Roland, Charles G. "Massacre and Rape in Hong Kong," Journal of Contemporary History, 32 (1), Jan.1997, p.54
(4) ダフニーの捕虜体験の記述は Tyrer, Nicola, *Sisters In Arms*, Weidenfeld & Nicolson, 2008 に基づく。
(5) 林博史『裁かれた戦争犯罪――イギリスの対日戦犯裁判』岩波書店、二〇一四年、一四九ページ。
(6) 小菅信子「歴史問題と和解への道――安倍政権への提言」(http://blogos.com/article/68027/)より。統計は極東国際軍事裁判速記録に示された数字として引用されている。なお、山梨学院大学法学部教授の小菅氏は英軍捕虜問題の専門家であり、長年日英和解のための研究や活動に従事している。

第六章

桜のもたらした奇跡

「桜守」たちの命がけの努力

廃墟となった戦後の日本で、「奇跡」が起きていた。

荒川堤で全滅した里桜が、息を吹き返したのである。全国各地で桜が伐採されるなか、里桜のいのちの灯は、ひそかに埼玉県下の人里離れた地で、ゆらゆらと燃え続けていた。

里桜の保存に全人生をかけた船津静作は生前の一九一二(明治四五)年、埼玉県北足立郡新郷村(現北足立郡「新郷地域」)に住む遠縁の松本伝太郎(一九〇三—八六)に桜を守ってほしいと頼み、東京から桜の穂木を送っていたのである。

「荒川堤の桜は、もはや救済できないかもしれない。何とかそちらで苗を育ててもらえないか……」

船津は新郷村で植木業を営んでいた松本にこう、頼み込んだのだ。船津のたっての依頼に松本は自宅の裏山を苗圃とし、舩津が荒川堤で採取した桜の穂木を接木して苗をつくり、南向き斜面の最上部に植えた。そして自宅の井戸水をくみ上げて水をやるなど、たいへん苦労して育てた。(1)

松本の育てた苗木は、昭和に入って隣村の安行《あんぎょう》村(現川口市安行)へと移る。松本は桜の専門家ではなかったため、苗圃をやめることになったとき、苗木の生産で有名な安行の苗木栽培家、小清水亀之助(一九〇四―七二)にすべての桜を引き継いだのである。

小清水は、荒川の五色桜の由来を知り、からだを張って桜を守った。戦争中、軍部から桜を伐採して畑にし、食糧を生産するようにと圧力をかけられたが頑固に拒否し、金銭を上納して守り通した。敗戦直後に東京の荒川堤で最後の桜が消えた後も、里桜は安行でしっかりと根を張っていた。

安行でいのちをつないだ桜は、戦後しばらくして研究機関に移り、国の管理の下で保存されることになる。

一九四九(昭和二四)年、静岡県三島市に生命科学を研究分野とする「国立遺伝学研究所」(以下、遺伝研)が設立された。このとき遺伝学専門の篠遠喜人《しのとおよしと》東京大学教授(一八九五―一九八九)は研究所の敷地に多品種の桜を植え、調査に役立てることを提案した。

篠遠の教え子に、舩津静作の孫、金松(一九一七―二〇〇九)がいた。金松は幼少時から祖父の薫陶を受けて荒川堤の桜を見て育ち、自らも戦後、桜の研究家になっていた。早稲田大学を卒業後、東大付属の小石川植物園に勤務し、篠遠の指導の下で桜の遺伝の研究をしていた。

桜を収集したいという恩師の提案を実現するために、舩津金松は小清水に連絡を取り、安行の桜をすべて遺伝研に移植する話をとりまとめた。小清水の守った桜はこうして遺伝研に移り、この後、多数の研究者による研究の材料として活用され、里桜の起源の解明に大きな貢献をすることになったのである。

そして、さらなる発展があった。日本が戦後の荒廃から立ち直り一九六〇年代に高度成長期に入ると、経済成長に伴う公害問題をきっかけとして自然保護の機運が高まり、国(農林省)が対策の一環として初めて、桜の保護に乗り出したのである。東京八王子市内に桜保存林をつくり、全国の桜を収集して植樹することが決められ、遺伝研の里桜の子孫は大挙して八王子の新しい住まいに移動した。保存林は「多摩森林科学園」と呼ばれ、ほかにも植物園の桜や日本じゅうに散らばる古木、名木の穂木が接木されて苗がつくられ、植樹された。その結果、現在では一三〇〇本の桜の集まるみごとな保存林となり、毎春、一般公開もされている。桜の最新研究分野であるＤＮＡ調査に携わる勝木俊雄は、ここの主任研究員である。

江戸時代に生まれた数々の貴重な里桜は、明治、大正期に救済されて荒川堤で繁栄した後、衰退し荒川堤から消えたが、埼玉県下で生き延びて、現代に新しい花のいのちを咲かせたのである。

多様な桜を残すことに生涯をかけた舩津静作の切なる願いは、舩津の死後も一本のロウソクのごとく小さな灯をともし続け、幾度か消滅の危機に直面しながらも乗り越えて、ついに戦後の日本の発展のなかで、大きな実を結ぶことになった[2]。

一方、京都でも造園業「植藤造園」の当主、佐野藤右衛門を通じて、同様の奇跡が起きた。

第一五代藤右衛門は、先代藤右衛門のはじめた「全国桜行脚」による桜の収集活動を引き継ぎ、二代で苦労して集めた桜を植藤造園の園庭に植えて保存していた。さらに、戦前からシベリア鉄道沿線に一〇万本の桜を植えるという壮大な計画を立てていた西本願寺門主、大谷光瑞の依頼を受け、計画実現のために京都府船井郡に土地を借りて大量の桜を増殖していた。

しかし、佐野も戦争末期に軍部から桜伐採の命令を受け、身を切られる思いで数万本を伐採する。このとき佐野は、貴重な品種を何とか残そうと、近くの宇多野療養所(現国立宇多野病院)の敷地に、表向きは「病人のために」という理由で「疎開」させる手を打った。さらに、ひそかに自宅の園庭にも、七〇本を残したのである。

その七〇本は、父子二代にわたって収集したかけがえのない桜であり、どうしても伐採することができなかったのだ。軍部の命令に反する行為は危険を伴っていた。一五代藤右衛門はその決断について、後に著した書でこう述べている。

たとえ自分のいのちにかえてもまもりぬこうと、あえてしたことであった。まかりまちがえば、このサクラたちと心中も辞さない。そうして宅地の一隅にひそかに残したのである。(3)

この七〇本の桜のなかには、イギリスのイングラムから穂木の提供を受け、自身が苦労して接木し里帰りさせた〝太白〟も含まれていた。

多様な桜が生き延びた「奇跡」は、かつて里桜を残す決断をした江北村村長の清水謙吾のほか、高木孫右衛門、舩津静作、松本伝太郎、小清水亀之助、京都の佐野藤右衛門ら希代の「桜守」たちの、まさに命がけの苦労と努力がなければ、決して起こりえないことであった。日本の生んだ世界に誇る桜は、桜守たちの決死の覚悟による大きなドラマを経て、一九世紀なかば以来の開国、近代化、戦争、敗戦……という近代日本の未曽有の歴史を、生き抜いたのである。

その過程で、里桜がイングラムという「イギリス人桜守」によってイギリスに渡り、彼の地で保存されたこともまた、桜史のドラマの一端を担った、といえる。

〝染井吉野〟植栽バブル

多様な里桜が奇跡的に生き延びた一方で、戦後の日本では、急ピッチで別の桜のドラマが進行していた。戦前、怒濤のごとく広まった〝染井吉野〟が、再び大量に植樹されはじめたのである。

染井吉野に関する著書のある平塚晶人によれば、焼け野原となった上野公園に、一九四八(昭和二三)年には早くも一二五〇本の染井吉野が植えられたのをはじめ、「時計が明治の後期まで五〇年ほどぐるりと戻されたかのように[4]」、染井吉野の植栽ラッシュが各地ではじまる。

平塚は、昭和三〇年代に「染井吉野植栽バブル」が起きたと表現する。この時期に全国の自治体は、地域住民の憩いの場をつくるため、観光名所づくりのため……とそれぞれの大義名分のもとで、競うようにして染井吉野を植樹した。

まるで本数の多さをパンフレットの表紙に書きたいがためのように、一度に数千本という単位で染井吉野が植えられていった[5]。

それは、綿密な計画や管理の見通しを欠いたやみくもな植樹であった。狭い土地に植えられたものは樹間を狭くして本数を詰めこみ、広大な土地に植えられたものは植え放しにされたのである。(6)

こうした植樹が繰り返された結果、「桜といえば染井吉野」というイメージが、再びできあがる。平塚によれば、現代日本で染井吉野が占める割合は、都市部において関西では八割、それ以外の地区では九割、日本全体では約七割に及ぶ。気象庁による毎春の「桜前線」の開花予想は、染井吉野のみが対象である。

この現象を、どう理解したらいいのだろうか。

かつて、明治維新以降の政府が近代日本の象徴として染井吉野に目をつけ、手あたりしだいに植樹したように、成長が早く経済的なこの桜は、戦後の荒廃からいち早く立ち直ろうとした「新生日本」のシンボルとして、再び都合よく使われたのではないだろうか。戦後の日本は、一刻も早い復興の実現に必死であった。染井吉野はまるで、戦争までは近代化と軍国主義を遂行する国家の、そして戦後は復興に向かって脇目もふらずに突っ走る国民の「伴走者」の役割を担わされたかのように見える。

多様な桜は桜守たちの努力で激動の時代を生き抜き、確かに残った。しかし、それらはいま、研究機関の敷地や植物園という特殊な場所に植えられているのであって、自然に一般人の目に入ってくる場所にはほとんどない。(7)

一九六二(昭和三七)年設立の「日本花の会」研究員、小山徹は「染井吉野は咲く時期が卒業式や入学式、入社式と重なるため、日本人の人生の節目、節目に咲く思い出の花というイメージができあがっている」と言う。そのような感傷を伴う心象風景を人々に植え付けた染井吉野の人気は、今後も衰えることはないだろう、と小山は言った。

しかし、染井吉野の歴史はたかだか一五〇年ほどである。入学式や卒業式と時を合わせる桜の光景の歴史も、じつはその程度にすぎない。一〇〇〇年以上の桜の歴史のなかでは、多種多様な桜の風景のほうがはるかに長く続いたのである。その点を、京都の第一六代佐野藤右衛門は、二〇一四年一二月の私の取材のなかで、口をすっぱくして力説した。

「日本はこんな狭い国やけど、昔からひとつ川越えて、山越えたら気象条件はみなちがうんですわ。その土地特有の方言があって、食もちがい、それぞれの土地の自然の営みに応じた祭りがあった。桜も地域によってみなちがうのが、本来の姿なんですわ。

土地によって、はように咲く桜もあるし、遅う咲くのもある。その土地の自生の桜が咲いたときに、人は花見をし、花の咲き具合によって生活しとったんです。花がいつもの年より早う咲いたら、ああ、もうもみ(籾＝米の種)まかないかん、とか、遅いときはまだ遅霜があるからもうちょっと待とう、とかを決めてたんですわ」

染井吉野の植樹は、そういう土地によるちがいを無視した行為で、まるで方言のちがう地域に無理やり標準語を押し付けるようなものだ、と佐野は言った。

「染井吉野は全国一律に、どこでも同じ花を咲かせるから、日本を画一的なつまらん国にしてしもた」

佐野の議論は、明快であった。

イギリスの桜ブーム

イギリスでは桜は戦後、日本とはまったくちがった道を歩んだ。

一九四八年に出版されたイングラムの著書『観賞用の桜』は、イギリス社会に大きな「桜ブーム」を生んだ。作家のヴィタ・サクヴィル＝ウェストが当時、イングラムの著書について『オブザーバー』紙に書評を書いている。「キャプテン・イングラムは、美しい日本の桜の紹介に一身を捧げた。この本は一般人、樹木の専門家、自治体など、生活空間を美しくしたいと願うすべての人々に、桜を身近に植えたいという気持ちを起こさせるであろう」

その予言通り、全国の自治体や庭園がこぞって桜を導入しはじめた。

日本の桜は第三章で見たように、イングラム邸のザ・グレンジから各地に広まったと言える。実際にザ・グレンジの桜の穂木や苗が植木商、園芸家の手に渡って増殖され、普及したというだけではない。イングラムがザ・グレンジから「桜情報」を発信し続けたことによって、桜の魅力がイギリス社会にしみわたるように伝わり、広まっていったのである。

戦争が終わり、イングラムの仕事の集大成である本が出版されたことで、桜は国民的な興味、関心の対象となった。まるで戦時中桜園で守られていた桜の花びらが、平和の訪れとともに自由にザ・グレンジの垣根を越え、ヒラヒラとイギリスの隅々にまで舞っていったかのように。

極東で日本軍の捕虜となったイングラムの義理の娘、ダフニーの経験は桜園の大きな傷となったが、捕虜問題は戦後すぐには大きな問題にならなかったため、桜が日本の戦争責任と結びつけて受け止められることはなく、普及を妨げることはなかった(捕虜問題は後述のように、九〇年代に先鋭化するのだが……)。

そして桜たちは、イングラムの手を離れて自分の力でどんどん歩みはじめるのである。

桜ブームは一九五〇年代からはじまり、七〇年代なかばごろまで続いた。街路樹として住宅街に広く植樹され、小・中規模の桜並木が多数、生まれた。新しく整備された通りに桜が植えられると、「チェリーツリー・アベニュー(桜通り)」または「チェリーツリー・ロード」と名づけられ、地域に公園が生まれて桜が植わると「チェリー・パーク(桜公園)」と呼ばれた。庭に桜を植えて「チェリーツリー」と名乗るレストランも現れ、桜並木のできた地域では住民による「チェリーツリー・レジデンツ・アソシエーション(桜自治会)」まで誕生した。桜はイギリス人の生活の中に深く入り込み、花の光景はイギリスの春に欠かすことのできないものとなった。

イギリスで桜が普及した過程で特徴的なのは、各地に植えられたのは「ひとつの桜」ではなく、「多様な桜」であった、ということだ。

道路沿いに並木を作るには、同一品種の樹を植えるのが景観上、最も効果的である。この原則は桜並木を造る際も適用されたが、場所によってちがう品種の桜が選ばれた。それは〝関山〟であったり、〝奥都〟〝普賢象〟であった。〝天の川〟のケースもある。日本に里帰りした〝太白〟や、イングラムの創った〝ウミネコ〟並木もできた。桜ブームに乗って、日本の桜を基にイギリスで独自の品種が開発されるようになり、イギリスで生まれた八重桜〝アコレード〟も街路樹として広く利用された。

アコレードはベニヤマザクラとコヒガンを掛け合わせて創られた桜で、愛らしいハート型の薄桃色

スタフォード州の「アコレード並木」（クリス・サンダース氏提供）

の花を咲かせる。イギリス中部、スタフォード州の街、ニューカッスル・アンダー・ライムの住宅街には、六〇年代後半に植えられたアコレード桜の並木があり、いまも約五〇本の桜が毎春美しい花のトンネルをつくることで評判だ。

　イギリスでは、イングラムがいちばん大切にした「多様な桜」の風景が、つくられたのである。ある地域では白い花の桜並木が、また別の地域では薄いピンクや濃いピンクの桜並木が生まれる、という具合に、それぞれ特徴のちがう桜の風景があちこちに現れた。

　庭園では、多品種の桜が植樹された。王立園芸協会（ＲＨＳ）が全国にもつ広大な庭園には、いずれもたくさんの桜が植えられている。たとえばロンドン南西部、サリー地区にある「ＲＨＳウィズリー・ガーデン」には、広大な敷地のいたるところに〝アコレード〟〝白妙〟〝太白〟〝ウミネコ〟〝鬱金〟などのほか、マメザクラや新しい松前桜の品種が多数植樹され、早春から晩春まで次々に美しい花を咲かせる。

　ロンドンのリージェント・パークやハイド・パーク、グリーン・パークにも、多彩な日本の桜が植樹されている。

　日本人観光客に人気のあるコッツウォルズ地方の「バッツフォード樹木園」も早くから日本の桜に

注目し、導入した。ここは丘を切り開いて各種樹木を植樹した独創的な庭園で、自然の景観を創出することに力点が置かれているため、庭園全体が野生の森林公園のような印象を与える。オオヤマザクラ、マメザクラなどの野生種のほか、'手毬'、'一葉'、'手弱女'、'太白'などイングラムの紹介した里桜の数々が植樹されているが、どれも庭園の風景にごく自然に溶け込んでいる。手毬、一葉は戦前、荒川堤からイングラム邸に渡った桜が増殖され、広まったものである。

コッツウォルズ地方にある「バッツフォード樹木園」の桜(2015年4月17日，著者撮影)

イングラムが創設に直接かかわって桜を植樹した庭園もある。国際的に名の知られる南部デヴォン州の「ローズモア・ガーデン」は貴族階級出身の女性公爵、レディ・アン・ベリー(九六)の創設した庭園だが、彼女を庭園造りに目覚めさせたのは、イングラムであった。

一九五九年冬、四〇歳のレディ・アンは、病後の回復のためスペイン南部のジブラルタル湾に面した街、アルヘシラスに滞在していた折、イングラムと知り合った。そのころ、七〇歳代後半のイングラム夫妻は毎年、冬の数か月間を気候の温暖なスペインで過ごしていた。イングラムに触発された彼女はイギリスに戻ると、デヴォン州の亡父の所有していた土地に庭園を造ることを思い立った。

レディ・アンは現在、ニュージーランドのギズボーンに夫とともに健在である。高齢で耳の遠い彼女への電話取材はできなかったため、電子メールで当時のようすを聞いた。

私は彼をチェリーと呼びました。自然界に関するチェリーの知識はすばらしく豊富で、海岸沿いのスペイン特有のさまざまな植物について詳しく教えてくれました。桜の話もたくさん聞きました。チェリーと出会わなければ、庭園を造ることはなかったでしょう。

イギリスに戻ると彼女は四輪駆動のランドローバーを運転してザ・グレンジを訪問し、イングラムの創作した桜〝クルサル〟と〝太白〟の苗をはじめ、シャクナゲなど他の草木を山ほど車に詰めた。帰途はイングラムが同行して、ローズモアで彼女のためにクルサルと太白を植えた。

ローズモア・ガーデンは一九八八年、レディ・アンがニュージーランドに移住したのを機に、ＲＨＳに寄贈され、現在はＲＨＳが管理している。庭園の学芸員、ジョナサン・ウェブスターによれば、イングラムの植えた二本の桜はいまも健在である。庭園全体に約五〇品種の桜が植えられており、庭園は桜の名所として知られている。

桜はまた、一般家庭にも浸透した。家庭用には、あまり大きくならないイングラム創出の〝オカメ〟や〝クルサル〟のほか、〝菊枝垂桜〟〝松月〟などが好まれた。より広いスペースのある田舎では、一軒家の玄関先に純白の花の枝を横に広げる、豪華な印象の〝白妙〟を植えることが流行した。

「イギリス人は何につけてもヴァラエティ(多様性)が好きです。ひとつだけではつまらないと思うのでしょうか。植物愛好家も、興味をもった花はすべての品種を集めようとする傾向がありますね」

ケント州在住の植木卸業者、クリス・レーン（六七）はこう言った。レーン自身、ある時期から桜の熱烈なファンになり、自身の苗圃に二五〇種を超える桜をもち、イギリス最大の桜コレクションを誇っている。

「もしかしたら、大英帝国時代にプラントハンターたちが世界じゅうから植物を集めた歴史の名残かもしれないですね」

レーンはこう言って笑った。

イングラムの桜が王室の庭園へ

イングラムの桜は、王室の庭園にも進出した。

エリザベス女王が週末やイースター（復活祭）休暇の際に宿泊するウィンザー城に隣接して、「ウィンザー・グレート・パーク」と呼ばれる王室所有の大庭園がある。昔は国王らが狩猟に利用していた庭園で、ひと山にまたがる広大な敷地内に森林や湖などがある。現在は王室の財産管理にあたる「クラウン・エステイト」社の運営の下で国民に開放されている。

その一角に、「サヴィル・ガーデン」という植物園風の庭園がある。一九五一年、当時ウィンザー・グレート・パークの森林管理にあたっていたエリック・サヴィル卿（一八九五―一九八〇）が造った庭園で、四季折々の花や花木を観賞する場として国民や観光客に人気がある。ここにイングラムの桜が導入されたのである。

サヴィル卿とイングラムは友人であった。庭園創設の準備をしていたサヴィル卿は、イングラムの桜を植えたいと思い、連絡をとった。

「クラウン・エステイト」社の庭園責任者、マーク・フラナガン(五六)が、一九四〇年代後半にサヴィル卿とイングラムのあいだで交わされた文書を古文書保存室で探し出してくれた。当時の交信はすべて手紙だったが、桜をめぐる二人のやりとりは簡潔な文章できわめて迅速に行われた。

(庭園用に)珍しい品種の桜がほしい。ザ・グレンジの穂木を送ってもらえないか。(サヴィル卿、一九四八年七月一三日付)

希少価値の高い桜は質の悪いことが多いので、希少さよりもコンディションのよさと花の美しさを優先して穂木を選んだ。悪しからず。穂木は本日、送った。(イングラム、七月一五日付)

質と美しさを優先してくれた由、ありがたく了解。穂木はすべて、良好な状態で届いた。深く感謝する。(サヴィル卿、七月一七日付)

イングラムの桜の王室庭園へのデビューは、わずか四日間でとりまとめられたのである。交信ではどの品種が選ばれたのかは記されていないが、イングラム自慢の太白などが贈られたのではないだろうか。(8)

サヴィル卿は一九四九年四月に再び、イングラムに新しい桜を依頼している。このときの交信もきわめて迅速である。

昨日(フラワーショーに)展示されていたあの白い桜はすばらしくきれいだった。芽接ぎ用に後日、穂木を送ってくれないか。(サヴィル卿、一九四九年四月一三日付)

あれは私の創作した桜で、ウミネコと名づけた。昨夏増殖した苗木があるので、これを貴方用にとっておき、しかるべきときに根っこ付きで送るが……?(イングラム、四月一五日付)

ぜひそうしていただきたい。心より感謝する。(サヴィル卿、四月一九日付)

こうして、サヴィル卿はウミネコなど、ザ・グレンジからやってきた複数の桜を大事に育て、五一年に開園したサヴィル・ガーデンに植えたのである。日本の桜は、晴れがましい舞台に出ることになった。

私は二〇一五年四月なかばにサヴィル・ガーデンを訪れたが、数か所でウミネコの白い花が満開だった。フラナガンによれば、これらはイングラムから贈られたオリジナルの子孫。このほか、〝枝垂桜〟や〝十月桜〟、〝ベルギー〟で開発された新しい品種の〝ザ・ブライド(花嫁)〟などが植樹されていた。

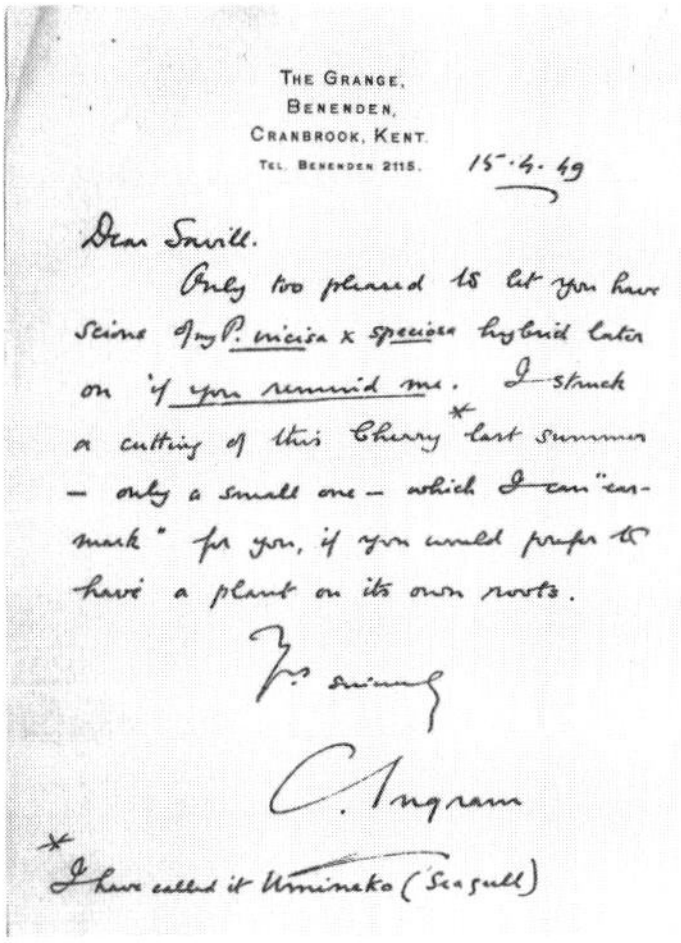
THE GRANGE,
BENENDEN,
CRANBROOK, KENT.
TEL. BENENDEN 2115.
15-4-49

Dear Savill.

Only too pleased to let you have some of my P. incisa x speciosa hybrid later on if you remind me. I struck a cutting of this Cherry* last summer — only a small one — which I can "ear-mark" for you, if you would prefer to have a plant on its own roots.

Yrs sincerely
C. Ingram

*I have called it Umineko (Sea gull)

イングラムからサヴィル卿への1949年4月15日付の手紙(マーク・フラナガン氏提供)

ウィンザー・グレート・パークの山に一本立ちしていた‘太白’(2015年4月15日，著者撮影)

また、グレート・パークの大庭園内を歩くと、マメザクラのほか、白妙や各種松前桜が点在していた。フラナガンと、前任者のジョン・ボンド（一九三二―二〇〇二）が一九七〇年代から少しずつ、山に桜を植樹したのである。山の頂上から湖の方向に降りていくと急に視界が開け、一本立ちの太白が現れた。イングラムから贈られたものの子孫であろうか。澄み切った青空の下で、純白の大輪の花を樹冠一杯に咲かせた太白の姿はすがすがしく堂々としており、山の風景にみごとに溶け込んでいた。

サヴィル・ガーデンからそう遠くないところに、故エリザベス皇太后が住まいとして好んで使ったザ・ロイヤル・ロッジがあり、フラナガンによれば、ロッジの庭にも日本の桜が植樹されている。記録は残っていないものの、サヴィル卿に贈られたイングラムの桜の子孫である可能性は高いという。

皇太后と現エリザベス女王は桜好きで知られる。ロンドン南西部、チジック地区にある「ステイヴリー通り」の関山並木はロンドンの桜の名所のひとつとして知られるが、皇太后は生前、イースター休暇を終えてウィンザー城からバッキンガム宮殿に戻る際、この桜並木を観賞することを希望し、運転手にステイヴリー通りを通るよう、特別に命じたという。エリザベス女王も同様に、毎春決まってこの通りを帰り道としている。

晩年のイングラム

戦後のイギリスは、前述のように大変革を経験した。大英帝国は音を立てて崩壊し、国内経済も苦しかった。富裕層への所得税、相続税の課税強化に対応して、イングラムも資産の一部を信託管理の下に置くなど、税軽減のための措置をとらざるを得なかった。

一九七〇年代にイギリスは「英国病」と呼ばれる長期経済停滞に陥り、かつての栄光は見る影もなくなってしまった。

晩年のイングラム（ザ・グレンジにて，イングラム家提供）

イングラムは大英帝国時代に、三度の日本訪問のほか、気が向けば南アフリカや北アメリカ、フォークランド諸島、南アメリカなど世界各地に旅行に出かけていたが、戦後は国の勢いが衰えることと符合するかのように、派手な旅行はしなくなった。

桜の仕事がひと段落したせいか、イングラムは七〇歳代に、若いころのいちばんの関心であった鳥への興味を取り戻したらしく、一九五〇年代にスウェーデンやスイスで開かれた国際鳥類学会議に三度、出席している。五八年、七八歳のときにフィンランド・ヘルシンキでの会議に出かけたのが最後となったが、ヘルシンキ会議では二六年の訪

最晩年のイングラムの世話をした住み込みのスコットランド人家政婦モイラ・ミラー（2014年11月12日，著者撮影）

日時に知り合った黒田長禮侯爵の子息と出会っている。

この出会いがきっかけとなり、当時日本鳥学会の会長だった黒田から翌年、イングラムに対して日本鳥学会名誉会員の称号が授与される（第一章二二ページ）。

イングラムの人生最後の五年間（九五歳から一〇〇歳まで）を住み込みの家政婦として世話したスコットランド人女性が、今も健在である。モイラ・ミラー（八四）といい、スコットランド北西部の村、テイノルトで暮らしている。私は二〇一四年一一月、ロンドンから列車を乗り継いでテイノルトまでミラーに会いに行った。

ミラーは顔立ちや装いのとても上品な老婦人だったが、人柄は気さくでおおらか。

「キャプテンとはウマが合いました」

と、彼女は言った。ミラーは、イングラムが最晩年まで科学的な探求心を失っていなかったことを示す興味深いエピソードを語ってくれた。

彼女がザ・グレンジにいたころ、イングラムの友人がときどき、狩猟で得たヤマシギなどの猟鳥を届けに来て、それをミラーが料理した。料理にかかる前、イングラムは彼女に鳥の片足を切って渡すよう、指示することがあった。

「足の筋肉を調べる、と言ってね。その鳥が足でヒナをつかんで運ぶだけの筋力を持っていたかどうかを見るんだ、とか言っていましたよ」

ミラーによれば、イングラムの記憶力は終生衰えず、屋根裏にこもって書き物をすることも多かった。最後の本 *Random Thoughts on Bird Life*（『野鳥についての随想』）を自費出版したのは一九七八年、じつに九八歳のときであった。

チェリー・イングラムは最後まで桜の名士であり続けた。朝、起床とともにまず、庭に出る習慣は変わらなかった。

「早朝に桜やシャクナゲなどを丹念に見て回っていました。太白を日本へ里帰りさせた話も、何度も聞きましたよ」

ミラーは、懐かしそうに振り返った。花が開けば人をそばに呼びたがる癖も、以前と同じ。

「『モイラ、モイラ！　桜の花が咲いたから見に来てくれ！』と大声で叫んでね。そのときのキャプテンは顔がほころんで、それはそれは幸せそうでした」

手塩にかけた桜の開花を見ることが、イングラムにとってはやはり何よりも、うれしい瞬間だったのだ。

ミラーがザ・グレンジにいた七八年、元ワシントンの国立樹木園の植物学者、ロランド・ジェファーソンがザ・グレンジにイングラムを表敬訪問している。ジェファーソンはワシントン・ポトマック河畔の桜の研究者として名を成したアメリカの桜の専門家である。チェリー・イングラムの名声は戦後、大西洋を越えてワシントンにも伝わり、イングラムの桜園から〝ホクサイ〟がポトマックの桜コレクションに加わっていた。

このときイングラムは九八歳。ジェファーソンは現在九二歳で、ハワイで健在。二〇一五年一月、ロンドンから電話を入れると、ジェファーソンは「イングラム氏は桜のエキスパートとしてアメリカでとても有名だったので、一度会いたいと思っていました。ザ・グレンジの庭のベンチで一時間ほど話した後、庭園を見せてもらいました」と話した。イングラムはしっかりした足取りで庭園内を案内したという。

九〇歳代のイングラムには、地元ベネンドンでの「武勇伝」がいくつかある。ベネンドン・スクールの校庭に自分の好まない関山が植樹されたことに不満をもち、校長に別の桜に変えるよう進言したことは、第三章で触れた。

もうひとつの武勇伝は、運転に関することである。晩年のイングラムは、どういうわけか低ギアーで運転することを好み、ベネンドンの村をギアーのきしむ轟音を立てながら車を走らせていた。しかも視力が低下して前方がよく見えなかったため、道路中央の白いセンターラインを指標とし、ラインの上、つまり道路の中央を疾走していたという。

イングラムの危険な運転は村では有名だったが、だれも忠告できずにいた。頭を痛めた地元の警察官がある日、ザ・グレンジの正門で待ち伏せし、イングラムが車で門から出てきたところをつかまえて、少し離れたところに停車していた車を指さしながら聞いた。

「キャプテン・イングラム。あの車のナンバープレートが読めますか?」

イングラムは答えることができず、その場で「運転不適格」とされて免許証を失った。

「『免許証をはく奪された。取り戻しに行く』と猛烈な剣幕で怒っていましたよ」

こう言って、ミラーは笑った。こののち、運転はすべてミラーの役目となった。

大往生

一九七九年一一月二九日、九九歳のイングラムは七三年間連れ添った妻のフローレンスを亡くした。若いころは家庭を顧みなかったとはいえ、年老いてベネンドンで静かな暮らしをするようになってからは夫婦で一緒に過ごす時間が増え、毎冬二人で数か月間をスペイン南部で過ごしていた。

「キャプテンはとても元気だったのでイギリスの長寿記録を更新するのではないかと思っていましたが、奥さんを失ってからは衰えが目立ちました」

とミラーは言った。ひとりになったイングラムは周囲の勧めで子犬を飼い、「ノディ」と名付けた。ノディはこの後、イングラムのそばをひとときも離れず、毎朝の庭園視察の際も、つねにイングラムと一緒であった。

このころ、桜園はかなり規模が縮小されていた。野生の桜は生命力があって長寿だが、人の創った里桜は短命である。イングラムの里桜も四、五〇年で枯れはじめ、主人よりも先に生を終えた樹は多かった。晩年のイングラムが「桜は思ったほど長生きしなかった。とても残念だ」とこぼすのを、多くの人が聞いている。

「自分の子どものように大切に育てた桜が枯れていくのは、キャプテンにとってとてもつらかったようです」とミラーは言った。

そのせいか晩年のイングラムは、桜よりも小柄で扱いやすいシャクナゲや、小さな春の花、プリムラに凝り、品種を増やしたり人工交配したりしていた。

一九八〇年一〇月三〇日、イングラムは一〇〇歳の誕生日を迎えた。ザ・グレンジでは家族や親しい友人を迎えてささやかな誕生パーティが開かれた。南部、ヘイスティングスの魚屋の主人が、馴染み客のイングラムのために好物のロブスターをプレゼントしてくれ、ミラーがオーブンで料理してみなにふるまった。

エリザベス女王は、一〇〇歳を迎えた国民にバースデイ・カードを贈るのが習わしで、イングラムにもバッキンガム宮殿から長寿を祝うカードが届いた。

一〇〇歳の誕生祝いに、キュー植物園の植物学者、マイケル・ザンダーがザ・グレンジの樹木と植物を調べ上げてリストを作り、それらの植樹されている場所を記した地図を作成した。それによれば、庭園には二三品種の桜が残っていた。

地図には野生のヤマザクラ、オオヤマザクラ、マメザクラのほか、里桜では'クルサル'、'ホクサイ'、'妹背'、'白妙'、'手弱女'などの名前が記されており、日本に里帰りした'太白'も健在であった。オオヤマザクラは何本か残っており、うち一本は、イングラムが二六年の日本での桜行脚で収集したオリジナルであると記されている。

リストには桜の総数は記載されていないが、オオヤマザクラのように同一品種のものが複数本残っていたケースがあったうえ、「名前のわからない多数の桜がある」とも書かれている。全部で五、六〇本の桜が残っていたのではないだろうか。最盛期には一二〇品種を超えていた桜園は縮小されたとはいえ、まだ花園の形を残していた。

イングラムは一〇〇歳の誕生日以後、温室で育てていたシャクナゲやプリムラの苗をすべて、親しくしていた園芸家、アラン・ハーディに譲り、世話を頼んだ。自分の人生が終わりに近づいていることを悟ったのかもしれない。

しかし、桜については何も心配することはなかった。すでにイングラムの桜はイギリスじゅうに行き渡っており、品種が途絶えるおそれはなかったのである。

一九八一年春、イングラムは最後の桜の季節を楽しんだ。四〇年前の自作〝クルサル〟が早々と鮮やかな紅色の花を開き、続いて五五年前の訪日の際、小金井街道で感銘を受けたヤマザクラが開花した。さらに、初めて桜への興味を触発された〝ホクサイ〟が咲いた。船津静作への約束を守り、日本へ送り返した〝太白〟も、例年通り大輪の白い花をつけた。

ミラーによれば、杖をつきながら庭に出て、ノディと一緒に、愛おしそうに花を見て回った。思い出深い、特別な桜ばかりであった。イングラムはこのとき、万感の思いに浸っていたのではないだろうか。

五月に入ると体調不良を訴え、床につく。この後、再び庭園に出ることはなかった。そして五月一九日夕方、ザ・グレンジの自分の寝室で、静かに息を引き取ったのである。

「キャプテンは苦しまずに、安らかに旅立たれました」

最期を看取ったミラーは言った。

ちょうど庭では、遅咲きの〝妹背〟が花を終えて散り始めたころであろう。イングラムが京都の平野神社で見つけ、イギリスに初めて紹介した薄桃色の八重桜である。また、日本から来たオリジナルのオオヤマザクラも、ザ・グレンジの庭で濃い桃色の花びらを舞わせていたのではなかろうか。

イングラムは、日本の桜に深く魅せられ、その紹介に全精力を傾けた、イギリスの「桜守」であった。「チェリー・イングラム」は、生涯愛した桜の花吹雪のなかで、一〇〇歳六か月という長い人生を終えたのである。大往生であった。

その後のザ・グレンジ

イングラムは、桜の収集とともに、若いころ、日本の根付《ねつけ》や印籠《いんろう》などを多数、収集していた。遺志により収集品約一一〇〇点はすべて、大英博物館に寄贈された。

イングラムが亡くなった直後、ザ・グレンジに寄贈品を受け取りに行った当時の博物館東洋セクションの責任者、ロレンス・スミスによれば、根付、印籠、鍔《つば》などは屋根裏の書斎に置かれたクルミ製の飾り棚に保管されていた。ナチュラリストのイングラムらしく、収集品の多くは木製で、図柄も鳥や花、動物などが目立つ。現在も「コリングウッド・イングラム・コレクション」として博物館に保存されており、うち何点かは常時、展示されている。

スミスは、ザ・グレンジを訪れたときに書斎で三好学の『桜図譜』を見つけ、これも一緒に博物館に持ち帰った。

「書斎では、愛犬のノディがイングラムの残した本や資料を噛んで痛めていました。桜の本も危うく損傷されるところでした」

と、スミス。イングラムは、三好が一九二一年に出した一一二品種の桜の彩色図譜を一九二六年の訪日の際、購入し、終生大切にもっていたのだ。この本も、現在大英博物館に保存されている。

ザ・グレンジはイングラムの死後、売却された。数人の異なる所有者を経て一九九二年、女性経営者リンダ・フェネルの手に渡った。フェネルの下でザ・グレンジは知的障害をもつ人たちのための住み込みの施設に生まれ変わった。現在も同じ施設として使われており、一九人の入居者とスタッフが暮らしている。

当初、所有者がくるくると変わり、庭園は衰退したが、その後、修復作業が進んだ。地元で庭園を回復する運動が起き、イングラムの庭師、シドニー・ロックの住んでいたコテージを住居として買い取った造園業者、ドナルド・モルズウォース夫妻が、一定数の桜をザ・グレンジに植樹した。桜は、イングラムの桜を増殖したピーター・ケレットから調達された。庭園は二〇〇九年に自治体の文化財に指定され、イングラムの遺産は永遠に保存されることになった。

かつての立派な桜園はもうないが、イングラムの築いた桜の伝統は、国内でしっかりと受け継がれた。桜への需要は今も高く、桜を取り扱う植木商、園芸店のネットワークは確立されている。

近年、国内に新たな桜の名所が次々に生まれた。

ロンドン南西部のキュー植物園では、一九九〇年代なかばから樹木園長、トニー・カーカム(五八)の下で多品種の日本の桜が導入され、園内の一角に異なる里桜を両側に植樹した桜並木(チェリー・ウォーク)が造られた。それに隣接した三〇本の〝アサノ〟から成る並木は、第二章でも述べたように、植物園の新たな観光スポットとして評判である。アサノは、イングラムが山梨県上吉田で発見した八

ノーサンバランド州にあるアニック・ガーデンの「太白並木」(アニック・ガーデン提供)

ロンドン南西部，キュー植物園の「アサノ並木」(2015年4月13日，著者撮影)

重桜だ。

また、スコットランドに近いイギリス北東部ノーサンバランド州、アニック城内の庭園「アニック・ガーデン」には二〇〇八年、イングラムゆかりの太白三五〇本が大量植樹されて、注目を集めている。アニック城は映画『ハリー・ポッター』でホグワーツ魔法魔術学校としてロケが行われた場所である。

庭園主任のトレヴォー・ジョーンズによれば、この庭園はアニック城所有者の第一二代ノーサンバランド公爵、ラルフ・パーシー夫妻が一九九五年に城を相続した際、城内に近代的な庭園を造ることを計画して生まれた。ジェーン公爵夫人が熱烈な桜好きで、「庭園に雪のような純白の桜並木を造りたい」と希望した。夫人はイングラムによる「太白里帰り」の話を聞いて感銘を受け、太白の植樹が決められた。これほど大規模な「太白並木」は、ほかに例がない。

桜の樹の下には、紫色の春の花、アリウムが五万本植えられており、毎春、太白が白色の花雲をつくるのに続いて紫のアリウムが繚乱と咲くさまは、まるで訪れる人を別世界にさそうようだと、静かな評判を呼んでいる。また、太白が満開になる四月下旬に「桜まつり」が開かれ、イギリス在住の日本人津軽三味線奏者による演奏会や折り紙の講習会などが開催されており、日本文化の紹介の場ともなっている。

償いの桜

さらに、イングラムのように桜に魅せられて虜になり、多様な桜を収集、保存する「桜狂」のイギリス人が何人か現れた。彼らは互いに連絡を取り合って情報交換し、堅固な「桜ネットワーク」をつくっている。

中部、スタフォード州のクリス・サンダース(七二)は、そのネットワークの重要な柱である。サンダースは生前のイングラムと面識はなかったが、スタフォード州の大規模園芸店に勤務していた一九七〇年代に桜の魅力を知り、営業活動の合間に穂木を収集して接木し、自分の苗圃に植えて育てていた。サンダースは、当時まだイギリスに紹介されていなかった新しい松前桜の品種にも、興味を持っていた。

松前桜は北海道の桜守、浅利政俊(八四)が開発した新種の八重桜の総称で、現在一〇〇種類以上があり、北海道松前町の松前公園内「桜見本園」に展示されている。

サンダースの松前桜への関心が、九〇年代になって日英間で先鋭化した「捕虜問題」の和解促進のために、思わぬ貢献をすることになった。九三年、サンダースのアイデアでイギリスに松前桜を購入する計画がもち上がると、浅利から「捕虜問題でぎくしゃくしている日英関係の改善のために役立ててほしい」と、多数の桜が無償で贈られたのである。

北海道大学函館キャンパスで，自身が植樹した桜のようすを見る浅利政俊（2015年12月，市川安紀氏提供）

そのいきさつに入る前に、日英間の捕虜問題の概略を記しておく。

大戦中の日本軍捕虜問題は、過酷な体験をした元捕虜たちが、イギリスに引き揚げた後も日本に対する激しい憎悪と反発心を抱え、戦後のイギリス社会でくすぶり続けた。問題は折に触れて表面化し、たとえば一九七一年の昭和天皇の訪英時にメディアが派手に対日批判を展開し、天皇がキュー植物園に植樹した杉の樹が引き抜かれるという事件も発生した。八九年の昭和天皇崩御の際も、大衆紙を中心に天皇と戦争責任、捕虜問題を結びつける辛辣な批判記事が大きく掲載された。

この対日批判は、イギリスで一九九五年、「対日戦勝五〇周年」の記念行事が開催された際に頂点に達する。

そのような事態に対し、イギリスでは一九八〇年代からロンドン在住の日本人女性、ホームズ恵子を中心とする民間人のグループが、元捕虜を日本に招待するなど、困難な和解活動に取り組んでいたが、日本政府は無関心を決め込んでいた。捕虜問題は一九五二年発効のサンフランシスコ講和条約に基づき、豪州、欧州を含む一四か国の約二〇万人の元捕虜に総額約五九億円を支払ったことで、法的には解決ずみ、というのが日本政府の姿勢だったのである(9)。

イギリス人元捕虜一人あたりの受領額は平均七六・五ポンド（現在の価値で約六〇万円）であったが、

九三年にはこれを不服とする元捕虜団体が日本に対し個人補償を求める訴訟を起こした。

ここに至って日本政府も問題を放置できなくなり、ホームズらの活動を全面的に経済支援する姿勢に転換した。一九九五年には、当時の村山富市首相が戦後五〇年の「村山談話」発表の際の記者会見で、メージャー英首相に対し、捕虜問題で謝罪する書簡を送ったことを明らかにした。その後、政府主導による平和友好計画が策定され、各種交流や両国の歴史研究者らによる歴史認識の共同研究が実施され、和解に向けた努力がなされた。

浅利の桜は、そんなときにイギリスに贈られたのである。浅利の開発した松前桜五八品種の穂木は、一九九三年三月、王立ウィンザー・グレート・パークに届いた。その経緯は次の通りである。

当時、グレート・パークを管理する「クラウン・エステイト」社の庭園責任者だったジョン・ボンドは樹木の専門家として知られており、日本の桜にも造詣が深かった。ボンドは一九四〇年代後半にイングラムからサヴィル卿に贈られた里桜を増殖して、グレート・パークに植樹したほか、桜に関する論文も発表していた。そんなことからボンドの存在が日本の桜関係者の目にとまり、東京の「日本花の会」は一九九二年、ボンドを日本に招聘してイギリスの桜についての講演を依頼した。

ボンドは訪日時に日本の桜関係者と会って大いに触発され、帰英後、日本からもっと桜を輸入してグレート・パークの桜コレクションを増やそうと計画した。そこで、長年の友人のクリス・サンダースに相談し、品種の選定を彼に頼んだのである。

「古い桜はイングラムによってほとんどすべてイギリスに紹介されていたので、新しい松前桜を導入することを提案しました」

二〇一五年春、スタフォード州までサンダースに会いに行くと、彼はこう言った。

サンダースは「日本花の会」出版の英語版桜マニュアルを参考に、〝花籠〟〝松前紅紫〟など三〇種類の松前桜をピックアップして、ボンドに知らせた。

ボンドが北海道の浅利にそれらの購入希望の手紙を書くと、浅利から「代金はいらない。贈呈したい」との返事が来た。

浅利は元小学校の教諭で、退職後は桜の研究と開発に力を入れたが、同時に、イギリス人元捕虜問題に深い関心をもち、長年、和解活動に奔走する経歴をもっていた。

二〇一五年五月、ロンドンから北海道亀田郡緑町に住む浅利に電話取材することができた。浅利は自身の捕虜問題への取り組みと、桜に託した想いを語ってくれた。

戦時中、北海道には函館市内に捕虜収容所の本所があったほか、室蘭市や歌志内市など八か所に分所があり、終戦時の収容者数は計一五九七人であった(10)。捕虜にはアメリカ人やオーストラリア人兵士もいたが、大多数はマレー半島やシンガポールで捕虜となり連れてこられたイギリス人兵士であった。

浅利によれば、捕虜たちは日本の軍歌を歌わされて行進し、道路工事や港での石炭の荷揚げ、真冬にドックで海に潜り船底に付着したのりや貝殻を除去する作業など、過酷な労働を強いられた。赤痢や急性腎炎、大腸炎などで収容中に死亡した捕虜の総数は一七四人にのぼった(11)。

当時中学生だった浅利は函館から約一五キロ離れた所に住んでおり、自身は捕虜の労働現場を見ていないが、目撃した兄たちからよく話を聞いたという。

「明治時代、イギリス人技術者が大勢函館に来て水道事業や造船技術を教えてくれたにもかかわらず、日本人はその恩返しをせず、大戦中に残酷な仕打ちをした。私はいつか償いをしたいと思っていました」

浅利の想いは戦後も消えることなく、教師の仕事をしながら函館の収容所の歴史を調べ、東京のイギリス大使館にも足を運んで史料を集めた。そして、元捕虜たちが家族とともに来日して北海道に来ると、進んで地元を案内し、市民らを集めて体験談を聞くなどの活動を続けたのである。

「こんな経緯があったので、イギリスから私の桜がほしいと言ってきたとき、無償で差し上げたいと思いました。うわべだけの親善ではなく、日本人の行った過去の歴史をしっかり踏まえて新しい関係を築かなければ、真の友好は生まれないのではないでしょうか」

浅利は、こう言った。

サヴィル卿とイングラムの古い交信記録を探してくれたジョン・ボンドの後継者、マーク・フラナガンが、九三年当時のボンドと浅利の交信記録も見つけてくれた。浅利の了解を得て、ここに浅利の書簡内容を記す。

親愛なるボンド様

松前桜を購入したいとのご依頼を受け、たいへん光栄です。しかしながら私は、イギリスの方々に私の桜を贈呈したいと思います。

（中略）

五一年ほど前、日本軍はアジアでイギリスの領土を侵略して多数の兵士と市民を殺傷し、たいへん深刻な被害を与えました。私はその歴史的事実を戦後、決して忘れたことはありません。私は桜を通じて、戦争中に命を落とした方々とご遺族に対し、心からお悔やみと遺憾の意を表したいと思うのです。

（中略）

どうぞ、お贈りする桜を大切に育ててください。これらの桜が立派に成長して花をつけ、ご遺族を含めた多くのイギリスの人々に慰めと喜びを与えることを、心からお祈り申し上げます。美しい桜の花が日英の架け橋となって、両国の次世代を担う子どもたちのあいだに真の友情が芽生えれば、これほどうれしいことはございません。

そしてさらに、イギリスを訪れる世界中の人々にも桜を楽しんでいただくことができれば、私のこの上ない喜びです。

そのような願いとともに、今年一年が幸福でよい年となりますことをお祈り申し上げます。

敬具

一九九三年一月一八日

浅利政俊

（原文英語、筆者訳）

浅利の手紙には、元捕虜についての直接の記述はないが、戦争中の日本の行為全般への遺憾の意が込められていることは明白である。

浅利の桜は、日本の過去に対する「償いの桜」だったのである。

浅利は、サンダースの選んだ三〇種類だけでなく、計五八種類の松前桜の穂木を贈った。穂木はすべてサンダースの手によって接木、増殖され、成長した苗がグレート・パークの大庭園各所に植樹された。

ウィンザー・グレート・パークの苗圃に植えられている松前桜.1993年に浅利政俊から贈られた穂木を接木したオリジナル(2015年4月15日,著者撮影)

新しい世代の桜

浅利から贈られた五八種類のオリジナルの松前桜は、現在もグレート・パーク一角にある苗圃に保存されている。二〇一五年春、苗圃に案内してもらったが、'花染井' '富貴' '細雪' など、すべての桜がみごとに成長し、白、薄桃色、赤みを帯びた桃色など、それぞれが多彩な色の花をつけた光景は、息をのむ美しさだった。

浅利の桜は、グレート・パークだけでなく、サンダースの苗圃から全国各地へ巣立って行った。これらは新しい品種として人気を呼び、今では松前桜は、主要な庭園各所に植樹されている。「多くの人々に桜の美しさを楽しんでもらいたい」との浅利の願いは、実現したのである。

運命のめぐりあわせというのだろうか、浅利の桜はその後、旧イングラム邸のザ・グレンジにも植樹されることになった。

九〇年代後半、グレート・パークに庭師として勤務していた現ケント州ホール・パーク庭園主任、クェンティン・スタークは、当時グレート・パークで浅利の松前桜の増殖にあたっていた。スタークは偶然にもベネンドン出身で、チェリー・イングラムの評判を知っていた。松前桜の増殖作業を進めるうち、スタークは苗の一部を「イギリスの桜の発祥地」であるザ・グレンジに植樹したらどうか、と思いついた。オーナーのリンダ・フェネルに連絡すると、即座に同意が得られて、ちょうど新世紀を迎える直前であったことから、「ミレニアム記念植樹」にしよう、ということになった。

こうして二〇〇〇年三月、四〇種類の松前桜の苗が、ザ・グレンジに運ばれて植樹された。苗はかつて桜園のあった場所だけでなく、庭園全体にちりばめて植えられた。

これらの桜は現在、成長を続けており、近い将来、ザ・グレンジに再びすばらしい桜の光景をつくるであろう。

ザ・グレンジには、戦争中に日本軍の捕虜となったイングラムの義理の娘、ダフニーのつらい体験の歴史が刻まれている。「ミレニアム記念植樹」は、そんなイングラム家の歴史とは無関係に行われたのであろうが、私には、単なる偶然の出来事であったようには思えない。

ザ・グレンジに残された負の歴史には、なんらかの形の「和解」が必要だったのではないだろうか。あたかも、元捕虜への償いをしたい、という浅利の真摯な想いが、松前桜をザ・グレンジに向かわせたかのように思えるのである。

桜の植樹は当時、イングラム家には知らされなかったため、まだ健在だったダフニーの耳にも入らなかった。しかし、浅利の「償いの桜」は、立派な大木に育ってみごとな花を咲かせたときには確実に、今は亡きダフニーへの「鎮魂の桜」となるはずだ。そしてそれらは、ダフニーにとどまらず、すべての元捕虜たちへの慰めの桜となるのではなかろうか。

太平洋戦争は日本でつくられた虚偽の「桜神話」の下で戦われた。六〇年後、その行為の犠牲者を弔うためにイギリスへやってきたのもまた、桜であった。しかしこれらは「過去の行為に償いをしたい」という、北海道の誠実な桜守の手によって生まれた、新しい世代の桜である。

歴史は永遠に消えない。しかし、「過去の歴史をしっかりと踏まえなければ、新しい友好関係は生まれない」と言った浅利の信念を、「償いの桜」たちは今後、ザ・グレンジで伝え続けるのではないだろうか。

（1） 江北村の歴史を伝える会編『江北の五色桜――船津資料からみる日米桜友好一〇〇周年』江北村の歴史を伝える会、二〇一五年、一二六ページ。

（2） 荒川堤の里桜は、船津や三好学によって大正時代に新宿御苑や小石川植物園などにも移植されていたが、これらの地の桜を調査した勝木によれば、荒川堤から移植されたと特定できる桜は確認できなかったといい、戦争をはさんだ桜の行く末は不明である。

（3） 佐野藤右衛門『桜花抄』誠文堂新光社、一九七〇年、六九ページ。

(4) 平塚昌人『サクラを救え――「ソメイヨシノ寿命六〇年説」に挑む男たち』文藝春秋、二〇〇一年、一五八―九ページ。

(5) 同、五九ページ。

(6) 同、一五九ページ。

(7) 数少ない例外は、東京の新宿御苑である。国民公園として親しまれている新宿御苑は、江戸時代の大名屋敷であった敷地が明治後半に皇室の庭園となり、戦後、国の管理の下で国民に開放された。里桜を植樹する伝統を守り、現在も六五種一一〇〇本の桜の名所として知られ、‘太白’、‘オカメ’も見られる。

(8) 台木の上に穂木を接ぐ接木は、通常早春に行われるが、このとき、サヴィル卿は芽のついた穂木を台木の樹皮に刺しこんで接ぐ「芽接ぎ」を行っていた。芽接ぎは夏に実施するので七月のやりとりとなった。

(9) 日本政府発表の「二〇世紀を振り返り二一世紀の世界秩序と日本の役割を構想するための有識者懇談会 報告書(二〇一五年八月六日)」より。

(10) ＰＯＷ研究会(共同代表：内海愛子、福林徹)オンライン資料「日本国内の捕虜収容所」より。
http://www.powresearch.jp/jp/activities/report/kamaishi.html

(11) 同、ＰＤＦ資料より。
http://www.powresearch.jp/jp/pdf_j/powlist/hakodate/hakodate_m_hakodate_j.pdf

エピローグ

二〇一五年四月なかば、私はケント州ベネンドンに向けて車を走らせていた。ザ・グレンジから「'太白' が咲いた」との連絡があったのである。

初めてザ・グレンジに取材に行った二〇一四年秋、イングラムが日本へ里帰りさせた太白のオリジナルの樹が庭に残っていることを知った。花の姿を見たいと思い、春になって開花したら教えてほしいと頼んでおいたのだ。

ザ・グレンジに着くと、純白の大輪の花を満開に咲かせた太白が出迎えてくれた。いまでは樹齢九〇年を超す古木となったが、太い枝を四方に広げ、堂々とした姿であった。太白はイングラム亡きあともこうして毎春、立派に花を咲かせ続けている。まるで自分を絶滅から救い、子孫を祖国に送り返してくれた亡き主人に対し、いのちを継いでいることを知らせるかのように。

四月下旬、私はもう一度、ザ・グレンジを訪ねた。今度は、イギリスの桜の調査のために訪英した森林総合研究所主任研究員の勝木俊雄と一緒である。

このとき、太白はすでに花を終えつつあったが、桜研究の第一人者である勝木は、太白のほかにもザ・グレンジの庭にイングラムの植えたオリジナルの桜が何本か残っていることを確認した。

太白の近くに樹の幹の細い、奇妙な格好をした八重桜があり、勝木は薄桃色の花を掌にのせて観察したうえで「オリジナルの〝妹背〟でしょう」と言った。

幹に見えたのは、じつは枝であった。

「いったん樹が地面に倒れ、枝のひとつが太くなって幹の代わりとなり、そこからたくさん小枝が出て花をつけたのでしょう」

なるほど、よく見ると本来の幹は半分土中に埋もれる形で地面に横たわっていた。一九二六年の桜行脚の際、イングラムが京都で見つけた桜である。

また、イングラム創作の〝クルサル〟も見つかった。花は終えていたが葉の色や形状などから鑑定された。この樹も根元部分で幹がふた股に別れており、不思議な形をしていたが、勝木によれば、クルサルを接いだ台木のセイヨウミザクラが、接木した部分から幹を伸ばして大きくなったために、二種類の桜が同じ根から成長したのだという。

イングラムの遺産の桜の何本かは、たくましい生命力で生き延びていたのである。


イングラムは世界を股にかける大英帝国の栄光のなかで生まれ、その勢いに乗って極東の日本まで足を運び、桜を持ち帰った。海を渡った日本の桜たちは、奇しくも帝国の栄枯盛衰の歴史と人間ドラマを、イングラムとともに経験した。

いびつな形でザ・グレンジに生き残っていた桜は、かつての帝国の栄華の残照のようにも見えた半面、帝国を失った現代でもなお、世界に影響力をもつイギリスという国の底力を示しているようにも思えた。

しかし、時代は移り、風景も変わる。

ザ・グレンジでは、過去二〇年ほどのあいだに植えられた〝アコレード〟や〝白妙〟などが大きく成長し、美しい花を咲かせている。ミレニアムに植樹された四〇本の浅利政俊の松前桜も、庭園のあちこちでみずみずしい若木となっている。

イングラムの没後三五年近く経ったザ・グレンジは、イングラムの遺産の古い桜と未来に向かう新しい桜が混在し、新たな現代の風景をつくっている。

イングラムの残した最大の功績は、イギリスに多様な桜を根付かせたことであろう。

「多様性」は、じつはイギリスで最も大切にされる価値である。人種、宗教、個人の歴史、ものの見方、どれをとっても、それぞれのちがった価値観は、排除されることはない。人や国、さらに自然の風景も、本来、異なるもの。多様な価値の混在する社会はときに衝突はあっても、大きなエネルギーを秘め、新しい生命力を生む、強靭な社会である。日本の多品種の桜は、そのような社会でイングラムによって紹介され、花開いたのである。

一〇〇〇年以上に及ぶ歴史を持つ桜の祖国、日本は、近代になって〝染井吉野〟に塗りつぶされるという運命をたどった。その現象は、異なるものはすべて排除して、国全体が誤った方向へ走るという過程と同時進行的に起きた。ひとつの価値観しか認めない社会は、結局は破滅に向かう脆弱なものであることを、私たち日本人は身に染みて経験したはずである。

松前桜の作者、浅利は「われわれ日本人は多様性に関心をもたず、ひとつのことに走る性向がある。多様にものを考えることこそが今、大切なのではないでしょうか」と言った。浅利が多彩な桜の創作に熱を入れることと、元捕虜への支援活動を続けることは、じつは根っこは同じで、過去と向き合い、同じ過ちを犯してはいけないという強い信念からきている。

里桜を守り抜いてきた日本の桜守たちは、社会がひとつの色に染まることに抵抗し、桜の多様性を失うまい、と命がけで努力した。自然界には常に、異なる品種がまじりあって新しい桜の生まれる可能性が秘められている。京都の第一六代佐野藤右衛門は、八七歳の今も、春になると新しい桜を探しに山へ出かける。「多様やからこそ、桜はおもしろいんですわ」と言って。

世界に誇る桜の伝統を思うとき、戦後の日本が再びひとつの桜に染まってしまったのは、あまりにも残念なことのように思える。

多様な桜を復活させる萌芽は、ある。かつて荒川堤にあった五色桜を復元させようと、一九八四年、足立区で住民運動が起き、舩津静作の孫、金松が中心になって請願書がつくられた。この運動が実り、区の農業公園内と公園前の都道に〝鬱金〟〝一葉〟〝普賢象〟などのほか、浅利の創った〝紅豊《ベニユタカ》〟を加えた四〇品種四〇〇本の里桜が植樹された。さらに二〇〇九年になって、荒川の堤防上に五色桜を再現することを足立区が提案し、国土交通省と協力して荒川沿岸に長大な里桜並木をつくることが決められた。二〇品種を超える里桜六六三本の苗木を荒川沿岸四・四キロにわたって植樹する作業が進められており、二〇年後には往年の五色桜が復活する見込みである。

また、静岡県河津町では、河津川両岸の約三キロにわたる「河津桜並木」が、近年注目されている。これは、河津町田中の故飯田勝美氏が一九五五年ごろの二月、河津川沿いの雑草のなかで芽吹いている桜の蕾を見つけ、自宅に持ち帰って庭に植えたところ、約一〇年後に開花し、それまでにはない新種の桜であることが判明したのがはじまり。その後の調査でオオシマザクラとカンヒザクラの自然交雑によってできた桜であることがわかり、一九七四年に〝河津桜〟と名づけられ、翌年、河津町の樹に指定された。この桜は一月下旬から淡紅色の花をつけ、約一か月も花を保つ。河津町はこの珍しい桜をアピールしようと、飯田氏の自宅の原木から大量に増殖して、河津川の両岸に植樹した。これが現在、みごとな大木の並木となって、新たな観光名所となったのである。

染井吉野は大量植樹すれば確かに豪華だが、病気にかかりやすく、意外にひ弱な桜であることが判明している。戦後植えられた染井吉野が現在、各地で植え替えの時期に来ているのを機に、足立区や河津町のように多様な桜を植樹したらどうだろうか。二、三〇年後には日本じゅうですばらしく多彩な桜の風景が生まれるであろう。

イングラムの足跡と日英の桜のたどった運命を追う「桜の物語」を終えるにあたって、私はそんなことを思っている。

完（文中敬称略）

あとがき

恥ずかしい話だが、日本に四〇〇種類もの里桜があることや、それらが桜守たちの決死の努力で生き残ってきたこと、また太平洋大戦中、「桜イデオロギー」の下で日本軍が香港で行ったことについて、私は少しも知らなかった。

日本の桜の魅力にとりつかれた稀有なイギリス人、コリングウッド・イングラムと出会い、その足跡をたどることで、日英で起きた桜の劇的なドラマと歴史を垣間見ることができた。それは私にとって「祖国再発見」の旅でもあった。

私は今、多品種を生んだ日本の桜の伝統をとても誇りに思い、多彩な桜の風景を現代の生活空間に再現できたらどんなにすばらしいだろうか、との思いでいっぱいである。

この本を書くにあたって、大勢の人々の協力を得た。なかでもイングラムの義理の孫、アーネスト・ポラード氏はイングラムの残した膨大な日記や資料、写真をすべて提供し、たび重なる質問にもていねいに回答してくれた。氏自身が研究者であり、資料を整理して提示してくれたのでとても助かった。彼がいなければこの本は書けなかった。イングラム家の他の人々や多数の桜関係者も快く取材に応じ、資料を提供してくれた。なお、ウィンザー城グレート・パークの庭園責任者、マーク・フラナガン氏には古い書簡を古文書室で探し出すなど協力いただいたが、彼は二〇一五年一〇月、急逝された。ご冥福を祈りたい。

日本では、国立森林総合研究所多摩森林科学園主任研究員の勝木俊雄氏に桜の歴史や分類などについて貴重なアドバイスをいただいた。桜の品種名は勝木氏の助言に従い、野生種はカタカナ、栽培種はシングルクォテーションつきの漢字で表記した。ただし栽培種については数が多いため、原則として、各章で初めて表記したときにクォテーションをつけ、二度目以降は名前のみとした。

舩津静作氏の残した桜の資料を保管する「江北の歴史を伝える会」(浅香孝子会長)には、資料提供でお世話になった。私は普段、ロンドンに住んでおり、日本での取材や資料収集の時間は限られているため、原稿を書くにあたり不便をきたすこともあった。桜研究家の樋口惠一氏は資料や写真の提供だけでなく、自ら出向いて不足分の資料を集めて下さった。感謝に堪えない。

また本の中に出てくる京都弁は在ロンドンの植物画家、山中麻須美氏に、江戸弁は神戸大学名誉教授の曽根ひろみ氏に見ていただいた。

編集を担当していただいたのは岩波書店の清宮美稚子氏である。彼女は雑誌『世界』編集長の激務をこなしながらていねいに原稿を読み、適切な助言をして下さった。心よりお礼を申し上げたい。

阿部菜穂子

二〇一六年一月、ロンドンの自宅にて

参考文献

青山吉信，今井宏編『新版　概説イギリス史――伝統的理解をこえて』有斐閣選書，1991 年.
秋田茂『イギリス帝国の歴史――アジアから考える』中公新書，2012 年.
大貫恵美子『ねじ曲げられた桜――美意識と軍国主義』岩波書店，2003 年.
小川和佑『桜の文学史』文春新書，2004 年.
奥田実，木原浩(写真)/川崎哲也(解説)『日本の桜』山と渓谷社，1993 年.
勝木俊雄『日本の桜（生きもの出会い図鑑)』学研教育出版，2014 年.
勝木俊雄『桜』岩波新書，2015 年.
木原浩，田中秀明，川崎哲也，大場秀章『新 日本の桜』山と渓谷社，2007 年.
江北村の歴史を伝える会編『江北の五色桜――荒川堤の桜ガイドブック』江北村の歴史を伝える会，2008 年.
江北村の歴史を伝える会編『江北の五色桜――舩津資料からみる日米桜友好 100 周年』江北村の歴史を伝える会，2015 年.
小菅信子『ポピーと桜――日英和解を紡ぎなおす』岩波書店，2008 年.
斎藤正二『日本人とサクラ――新しい自然美を求めて』講談社，1980 年.
佐藤俊樹『桜が創った「日本」――ソメイヨシノ 起源への旅』岩波新書，2005 年.
佐野藤右衛門『桜花抄』誠文堂新光社，1970 年.
森林総合研究所 多摩森林科学園編『サクラ保存林ガイド――ＤＮＡ・形質・履歴による系統保存』森林総合研究所 多摩森林科学園，2014 年.
鈴木嘉一『桜守三代――佐野藤右衛門口伝』平凡社新書，2012 年.
鳥越皓之『花をたずねて吉野山――その歴史とエコロジー』集英社新書, 2003 年.
永田洋他編『さくら百科』丸善，2010 年.
中西輝政『大英帝国衰亡史』ＰＨＰ研究所，1997 年.
「20 世紀を振り返り 21 世紀の世界秩序と日本の役割を構想するための有識者懇談会 報告書」2015 年 8 月 6 日.
林博史『裁かれた戦争犯罪――イギリスの対日戦犯裁判』岩波書店，2014 年.
ハーン，ラフカディオ『新編 日本の面影』池田雅之訳，角川ソフィア文庫，2000 年.
樋口惠一『ワシントン桜のふるさと 荒川の五色桜――「江北桜譜」初公開』東京農業大学出版会，2013 年.
平塚晶人『サクラを救え――「ソメイヨシノ寿命 60 年説」に挑む男たち』文藝春秋，2001 年.

ホームズ，恵子『アガペ――心の癒しと和解の旅』いのちのことば社フォレストブックス，2003年.
水上勉『櫻守』新潮文庫，1976年.
山田孝雄『櫻史』講談社学術文庫，1990年.

雑誌「桜」昭和版第1，2，3巻，有明書房，1981年.
Benson, Will, *Kingdom of Plants: A Journey Through Their Evolution*, Collins, 2012.
Coats, Alice M., *The Quest for Plants: History of the Horticultural Explorers*, Littlehampton Book Sevices Ltd., 1969.
Davies, Michael (comp.), *Benenden A Pictorial History*, 2000, CD edition.
Ingram, Collingwood, *Isles of the Seven Seas*, The Mayflower Press, 1936.
Ingram, Collingwood, *Ornamental Cherries*, Country Life, 1948.
Ingram, Collingwood, *In Search of Birds*, H. F. & G. Witherby Ltd.,1966.
Ingram, Collingwood, *A Garden of Memories*, H. F. & G. Witherby Ltd., 1970.
Ingram, Collingwood, *Random Thoughts on Bird Life*, 1978.
Kuitert, Wybe, *Japanese Flowering Cherries*, Timber Press, 1999.
Notcutt, R. C. and R. F. Notcutt, "Flowering Cherries," RHS Journal, 1935.
Pearson, Graham S. *Lawrence Johnston: The Creator of Hidcote*, National Trust, 2010.
Pollard, Ernest and Hazel Strouts (eds.), *Wings Over the Western Front: The First World War Diaries of Collingwood Ingram*, Day Books, 2014.
Roland, Charles G., "Massacre and Rape in Hong Kong," Journal of Contemporary History, 32 (1) Jan. 1997.
Sackville-West,Vita, *The Edwardians*, Virago Press, 1998.
Tyrer, Nicola, *Sisters In Arms: British Nurses Tell Their Story*, Weidenfeld & Nicolson, 2008.

1923年から1959年までのあいだにイングラムが英園芸雑誌"The Garden" "The Gardeners' Chronicle" "Gardening Illustrated" "RHS Journal"などに書いた多数の記事と，日曜紙『イラストレイテッド・ロンドン・ニュース』に書いた記事，またこれらの雑誌や新聞に掲載されたイングラムに関する諸記事を参照した.

公益財団法人渋沢栄一記念財団情報資源センター・ブログ
http://d.hatena.ne.jp/tobira/
日本郵船サイト http://www.nyk.com/ir/investors/history/
POW 研究会サイト http://www.powresearch.jp/jp/
Ernest Pollard（英文） http://www.benenden.history.pollardweb.com/
http://erniepollard.jimdo.com/

関連年表

1868　1月，戊辰戦争(～69年5月)，明治政府発足.
1876　上野の寛永寺に‘染井吉野’が植樹され始める(染井吉野大量植樹のはじまり).
1880　10月30日，コリングウッド・イングラム誕生.
1885　7月，荒川の氾濫で堤防の改修工事．清水謙吾・江北村村長が堤防に染井吉野以外の里桜を植えることを決定.
1886　春，舩津静作らによって荒川堤防に里桜植樹.
1892　靖国神社に染井吉野300本が植樹される.
1900　パリ万博．日本特設コーナーで桜も紹介される.
1902　1月，日英同盟締結．9月，イングラム21歳で初訪日.
1904　2月，日露戦争勃発(～05年9月).
1906　10月，イングラムがフローレンス・ラングと結婚.
1907　4月，イングラム第2回目訪日(新婚旅行).
11月，イングラム夫妻に長男アイヴォー誕生.
1909　3月，イングラム夫妻に二男マーヴィン誕生.
1910　東京市からワシントンに桜が贈られるが，失敗.
5－10月，ロンドンで日英博覧会開催.
1912　東京市からワシントンへの第2回目の桜寄贈．3000本を超す桜がポトマック河畔に植樹される.
1913　8月，イングラム夫妻に三男アレスター誕生.
1914　7月，第1次世界大戦勃発(～18年11月).
1916　3月，東京帝国大学の三好学教授が「日本のヤマザクラ，その野生種と栽培品種」をドイツ語で発表．その20日後，E. H. ウィルソンが欧米で初めての桜の本『日本のサクラ』をアメリカで出版.
12月，イングラムは第1次世界大戦のため，羅針盤調整技師として北フランスに派遣される(～18年12月).
1917　1月，イングラム夫妻に長女サーシア誕生．4月，東京で「桜の会」発足.
1919　イングラム，ベネンドンに新居「ザ・グレンジ」購入，家族とともに入居.
1920　植物愛好家によるロンドンのクラブ「ガーデン・ソサエティ」創立.
1923　8月，日英同盟失効．9月，関東大震災.
1924　12月，イングラムの父ウィリアム死去.
1925　イングラムがヨーロッパ初の「桜辞典」を発表．10月，母メアリー死去.
1926　イングラムが *Birds of Riviera* (『リビエラの野鳥』)を出版.
3－5月，イングラム第3回目訪日〈桜行脚〉.

1929 舩津静作死去．イングラムが「桜辞典」第 2 弾を発表．
1931 9 月，満州事変．
1932 イングラムの‘太白’，京都の佐野藤右衛門が接木に成功して里帰り．
1933 1 月，ドイツでヒトラーのナチス政権発足．
1936 イングラムが *Isles of the Seven Seas*（『7 つの海の島々』）を出版．
1939 9 月，第 2 次世界大戦勃発（〜 45 年 8 月）．
1940 イングラムがベネンドン・ホームガードの指揮官に就任（〜 42 年）．
5 − 6 月，ダンケルクの戦い．7 − 10 月，バトル・オブ・ブリテン．
1941 12 月，太平洋戦争勃発．日本軍による香港侵攻で，イングラムの三男アレスターの婚約者，ダフニーが日本軍の捕虜となる．
1945 8 月，日本降伏によりダフニーは解放され，11 月に帰英．
イングラムが「桜辞典」第 3 弾発表．
1947 1 月，イングラムの三男アレスターとダフニーがロンドンで結婚．荒川堤の里桜全滅．
1948 イングラム，桜の著書 *Ornamental Cherries*（『観賞用の桜』）を出版．
1951 ウィンザー・グレート・パーク内のサヴィル・ガーデンにイングラムの桜が植樹されて，王室デビュー．
1959 イングラム，日本鳥学会の「名誉会員」に選出される．
1966 イングラム，*In Search of Birds*（『野鳥を探して』）を出版．
1970 イングラム，*A Garden of Memories*（『思い出の庭』）を出版．
1971 10 月，昭和天皇，戦後初訪英．
1974 イングラム，*The Migration of the Swallow*（『ツバメの移動』）を出版．
1975 5 月，三男アレスター，病気で死去．
1978 イングラム，*Random Thoughts on Bird Life*（『野鳥についての随想』）を自費出版．
1979 11 月，妻フローレンス死去．
1980 10 月 30 日，イングラム 100 歳の誕生日を迎える．
1981 5 月 19 日，イングラム死去．
1990 4 月，長男アイヴォー死去．
1993 イギリスの元日本軍捕虜（ＰＯＷ）団体が補償を求めて日本政府を提訴．
3 月，浅利政俊の松前桜 58 種がウィンザー・グレート・パークに贈られる．
11 月，二男マーヴィン死去．
2000 3 月，浅利の松前桜 40 種が旧イングラム邸「ザ・グレンジ」に植樹される．
2008 『シスターズ・イン・アームズ』出版される．11 月，ダフニー死去．
アニック・ガーデンに‘太白’350 本植樹．
2011 5 月，長女サーシア死去．

阿部菜穂子
ジャーナリスト，ノンフィクション作家．元毎日新聞記者．2001 年より英国ロンドンを拠点に日本語と英語の両方で執筆活動を続けている．本書で第 64 回日本エッセイスト・クラブ賞受賞．同書の英語版 *'Cherry' Ingram: The Englishman Who Saved Japan's Blossoms*（2019 年，ペンギン社）は英米の主要各紙誌や BBC 放送等で取り上げられて大きな反響を呼び，英国歴史作家協会（HWA）最優秀ノンフィクション賞にノミネートされた．これまでにドイツ語，イタリア語，オランダ語，ポーランド語，スペイン語，中国語に翻訳されている（中国語版は日本語版の翻訳）．他の著書に，『イギリス「教育改革」の教訓――「教育の市場化」は子どものためにならない』（岩波ブックレット）などがある．2024 年に新著（英語）を刊行予定．

チェリー・イングラム 日本の桜を救ったイギリス人

2016 年 3 月 8 日　第 1 刷発行
2023 年 3 月 15 日　第 3 刷発行

著　者　阿部菜穂子《あべなおこ》

発行者　坂本政謙

発行所　株式会社 岩波書店
〒101-8002 東京都千代田区一ツ橋 2-5-5
電話案内 03-5210-4000
https://www.iwanami.co.jp/

ブックデザイン　ビーワークス
印刷・三陽社　カバー・半七印刷　製本・松岳社

ISBN978-4-00-023888-5　　Printed in Japan